2000 MOST COMMON GERMAN WORDS IN CONTEXT

Get Fluent & Increase Your German
Vocabulary with 2000 German Phrases

**German Language
Lessons Mastery**

Free Book Reveals The 6 Step Blueprint
That Took Students **From Language
Learners To Fluent In 3 Months**

- **6 Unbelievable Hacks** that will accelerate your learning curve

- **Mind Training:** why memorizing vocabulary is easy

- **One Hack To Rule Them All:** This secret nugget will blow you away...

Head over to LingoMastery.com/hacks
and claim your free book now!

INTRODUCTION

Learning a new language can be compared to starting to swim as a child; it's actually one of the best analogies you can make about it. At first, you'll stand on the shore or the edge of the pool and look at that great mass of liquid, wondering just how you're going to start. After all, if you don't get it right, you'll start drowning and your interest in learning probably won't last much longer after that. So, you wait patiently and lick your lips in anticipation.

Finally, you dare to make a move and jump inside. What you do next will decide just what kind of a person you are.

I use this comparison because many people are too afraid to dare to jump into that pool and take a chance at learning a new tongue — a language that can open new doors for you in your future and become a tool that you'll use to communicate with an entirely fresh community.

There are over 100 million German speakers in the world and many of the biggest companies in the world will value a worker that speaks two languages!

If you've picked this book up, you've already made good progress in learning the language. This book can give you an incredible tool in learning the German language: *vocabulary*. Now you've just got to learn how to use it.

What this book is about and how to use it:

When I began to teach German in personal, one-to-one lessons several years ago, I remember that I used the same system I'd

1

learned while working at a German school: to teach every single aspect of grammar — the alphabet, nouns, adjectives and so many other things that eventually overwhelmed several of my students and left them dumbfounded. Soon, I learned that I wasn't doing it right and that I was failing my students. While an institute can get away with making you return every single week for a long, boring class about how verbs work, most people who learn German (or any language) in an unofficial manner simply want to know the most important thing:

They want to expand their vocabulary.

There are hacks to learning every language, but learning the vocabulary is a surefire way of speeding up your learning of a new tongue. Just look at these three amazing stats found in a study done in 1964:

1. *Learning the first thousand (1000) most frequently used words of a language will allow you to understand 76.0% of all non-fiction writing, 79.6% of all fiction writing and an astounding 87.8% of all oral speech.*
2. *Learning the top two thousand (2000) most frequently used words will get you to 84% for non-fiction, 86.1% for fiction, and 92.7% for oral speech.*
3. *Learning the top three thousand (3000) most frequently used words will get you to 88.2% for non-fiction, 89.6% for fiction, and 94.0% for oral speech.*

Just look at those stats and imagine what you could do with this book once you've thoroughly read and practiced what it contains? We're providing you with two thousand of the most frequently used words — equivalent to an understanding of 92.7% of oral speech!

We achieve this not only by giving you a long list of words; there must be context to allow the words to sink in, and we provide that.

Each of the terms will be listed with its translation in English and two example sentences, one in each language, allowing you to study the use of each word in a common, accessible manner. We have ordered the terms in their largest number of occurrences in common media, allowing you to begin with the simplest and most regularly-used words first before moving on to the less-used ones.

So now, do you need anything else while reading this book? Yes, you may, as always. There are hundreds of thousands of more words out there, but these will certainly give you a head-start on learning the language and getting closer to mastering it.

Recommendations for readers of *2000 Most Common Words in German*:

Although we'd love to begin right away with helping you learn the vocabulary we've provided in this book, we've got a few tips and recommendations for getting the most out of this book:

1. An example you read can be transformed into an example you write. Why not try to practice the words we provide you by using them in your own sentences? If you can master this, you will not only be practicing your vocabulary, but also the use of verbs, nouns and sentences in general.
2. Why limit yourself to 2000 words? While you're reading this book, you can always find 2000 more *not-so-frequently-used* words and practice them as well!
3. Grab a partner or two and practice with them. Maybe it's your boyfriend/girlfriend, your roomie or even your parents; learning in groups is always easier than learning alone, and you can find somebody to practice your oral speech with. Just make sure they practice as hard as you do, since you don't want a lazy team-mate here!
4. Use the vocabulary you've learned to write a story and share it

with others to see how good (or bad) it is! Find help from a native speaker and let them help you improve.

IMPORTANT NOTE: All words in German are inherently *Masculine, Feminine or Neuter* due to grammatical rules used in the language. Even so, there are many words that can be applied one or more genders, and which are more or less neutral for your use. However, there are some words that may *only* apply or be used for male, female or neuter subjects. I've made sure to put *(Masculine)*, *(Feminine) or (Neuter)* after the English translation to save you any embarrassments. Make sure to take this into account when you use the words in the future.

Now, without further ado, we can finally commence our great lesson! It's time for you to learn German, beloved reader!

Good luck!

THE 2000 MOST COMMON WORDS IN GERMAN

Hello again, reader. As we previously stated in the **Introduction,** the words have been arranged by their frequency of use in common media, such as films, series and books. Feel free to rearrange them during your practice to make things interesting.

You will be provided with a **word,** a **translation of said word** and **an example** of the term given. It's as easy as that.

Let's begin:

1- Ich – *I*

Mein Name ist Joachim und **ich** komme aus Berlin.
My name is Joachim and **I** am from Berlin.

2- Sein – *To be*

Es ist nicht immer einfach, vernünftig zu **sein**.
It is not always easy **to be** reasonable.

3- Sie – *She/They*

Heute möchte **sie** ihre Familie in Hamburg besuchen. **Sie** warten am Bahnhof auf Anna.
Today **she** would like to visit her family in Hamburg. **They** are waiting at the train station for Anna.

4- Der – *The (Masculine)*

Der neue Nachbar ist wirklich sehr nett.
The new neighbor is really very nice.

5- Nicht – *Not*

Am Wochenende möchte ich **nicht** schon wieder schwimmen gehen.
On the weekend I do **not** want to go swimming again.

6- Die – *The (Feminine)*

Die neue Lehrerin ist noch relativ jung.
The new teacher is still relatively young.

7- Es – *It*

Er findet **es** ungerecht, dass er die ganze Arbeit allein machen muss.
He finds **it** unjust that he must do all the work by himself.

8- Und – *And*

Der Film war aufregend **und** definitiv sehenswert!
The film was exciting **and** definitely worth seeing!

9- Haben – *To have*

Man kann im Leben nicht alles **haben**.
One cannot **have** everything in life.

10- Du – *You*

Hast **du** mich vorhin angerufen?
Did **you** call me earlier?

11- Das – *The (Neuter)*

Sie findet **das** neue Auto viel besser als das Alte.
She finds **the** new car much better than the old one.

12- Werden – *To become (also used to indicate the future)*

Nächste Woche **werden** wir in den Urlaub fahren.
Next week we **will** go on vacation.

13- Zu/Um zu – *To/Too/In order to*

Heute Abend komme ich um 17:00 Uhr **zu** dir ins Büro. Ich verspreche, dass ich nicht **zu** spät kommen werde. **Um** rechtzeitig dort **zu** sein, werde ich den Zug nehmen.
This evening I will come **to** your office at 17:00 (5 PM). I promise, that I will not arrive **too** late. **In order to** get there on time I will take the train.

14- Ein – *A/An (Neuter)*

Ich habe **ein** Foto von meiner Frau auf meinem Schreibtisch.
I have **a** photopraph of my wife on my desk.

15- In – *In*

Wir wohnen **in** einem Haus im Stadtzentrum.
We live **in** a house in the city centre.

16- Können – *To be able to*

Ich **kann** schwimmen.
I am **able to** Swim.

17- Wer – *Who*

Wer hat dir das gesagt?
Who told you that?

18- Mein – *My/Mine*

Abends stelle ich **mein** Auto immer in die Garage.
In the evening I always put **my** car in the garage.

19- Mit – *With*

Morgen möchte ich gerne **mit** meinen Eltern an den See fahren.
Tomorrow I would like to go to the lake **with** my parents.

20- Wir – *We*

Wir kommen aus einem kleinen Dorf.
We come from a small village.

21- Mir – *Me*

Kannst du **mir** bitte die Fernbedienung geben?
Can you please pass **me** the remote control?

22- Wie – *How*

Wie geht es dir heute?
How are you today?

23- Den – *The*

Ich habe **den** Brief gestern abgeschickt.
I have posted **the** letter yesterday.

24- Auf – *On*

Der Laptop steht **auf** meinem Schreibtisch.
The laptop is **on** my desk.

25- Ja – *Yes*

Ja, ich denke auch, dass das die beste Lösung ist.
Yes, I also think that this is the best solution.

26- Mich – *Me*

Kannst du **mich** vom Flughafen abholen?
Can you pick **me** up from the airport?

27- Dass – *That*

Er sagt, **dass** er heute nicht zur Arbeit kommen kann.
He says **that** he cannot come to work today.

28- Was – *What*

Was hat dir Anna zum Geburtstag geschenkt?
What did Anna get you for your birthday?

29- Aber – *But*

Das Hotel ist wunderschön, **aber** unglaublich teuer!
The hotel is beautiful, **but** incredibly expensive!

30- So – *So*

Ich finde es **so** schön, dass wir heute alle zusammen essen.
I find it **so** nice that we are all eating together today.

31- Er – *He*

Er fliegt nächste Woche nach Australien.
He is flying to Australia next week.

32- Wollen – *To want*

Manche Leute wissen nicht, was sie **wollen**.
Some people do not know what they **want**.

33- Hier – *Here*

Ich glaube, wir waren **hier** schon einmal.
I think we have been **here** once before.

34- Eine – *A/An (Feminine)*

Es war **eine** schöne Überraschung, als du mich besuchen kamst!
It was **a** nice surprise when you came to visit me!

35- Von – *From*

Ich habe schon lange nichts mehr **von** dir gehört!
I haven't heard **from** you in a long time!

36- Für – *For*

Dieses Buch ist **für** dich – ich hoffe, es gefällt dir!
This book is **for** you – I hope you like it!

37- Hat – *Has*

Sie **hat** wunderschöne blaue Augen.
She **has** beautiful blue eyes.

38- Einen – *A/An (Masculine)*

Hast du **einen** Moment Zeit?
Have you got time for **a** moment?

39- Wenn – *When/If*

Wenn du möchtest, helfe ich dir dabei. **Wenn** du älter bist, wirst du auch eine Familie wollen.
If you like I can help you with that. **When** you are older, you will also want to have a family.

40- Gut – *Good*

Das neue Programm ist **gut** – es funktioniert ohne Probleme.
The new program is **good** – it works without any problems.

41- Dich – *You*

Ich rufe **dich** in 10 Minuten an.
I will call **you** in 10 minutes.

42- Zu – *To*

Diese Karte schicke ich **zu** meinen Eltern.
I am sending this card **to** my parents.

43- Gehen – *To go*

Wann können wir ins Theater **gehen**?
When can we **go** to the theater?

44- Müssen – *To have to*

Wir alle haben viele Dinge, die wir erledigen **müssen**.
We all have many things that we **must** do.

45- Nein – *No*

Nein, leider habe ich morgen keine Zeit.
No, unfortunately I do not have time tomorrow.

46- Ihr – *You (Plural)*

Ihr habt wirklich gute Arbeit geleistet!
You did a really good job!

47- Nur – *Only*

Er ist Veganer und er isst **nur** pflanzliche Produkte.
He is vegan, and he **only** eats plant products.

48- Noch – *Still*

Es ist schon spät – bist du **noch** wach?
It is already late – are you **still** awake?

49- Da – *There*

Das Restaurant ist unglaublich! **Da** möchte ich gerne essen gehen.
This restaurant is incredible! I would like to go and eat **there**.

50- Sagen – *To say*

Wieso darf ich das nicht **sagen**?
Why am I not allowed to **say** that?

51- Sich – *Itself*

Siehst du das Tier? Es hat **sich** selbst in den Schwanz gebissen!
Can you see the animal? It just bit **itself** in the tail!

52- Dir – *You*

Er möchte gerne mit **dir** reden.
He would like to talk to **you**.

53- Sehen – *To see*

Mit der neuen Brille kann ich viel besser **sehen**!
I can **see** much better with the new glasses!

54- Uns – *Us*

Sie bringt **uns** alle zum Flughafen.
She is taking **us** all to the airport.

55- Das – *The*

Das Wasserglas ist halb voll.
The water glass is half full.

56- Machen – *To do*

Was können wir in dieser Situation nur **machen**?
What can we **do** in this situation?

57- Kommen – *To come*

Heute Abend werden viele Leute zur Party **kommen**.
This evening a lot of people will **come** to the party.

58- Tun – *To do*

Im Moment habe ich sehr viel zu **tun**!
At the moment I have a lot to **do**!

59- Wissen – *To know (something)*

Ich würde gerne mehr über die Geschichte der Stadt **wissen**.
I would like to **know** more about the history of the city.

60- Ihn – *Him*

Ich mochte **ihn** noch nie.
I have never liked **him.**

61- Aus – *From*

Unsere Nachbarn kommen **aus** Ungarn.
Our neighbors come **from** Hungary.

62- Um – *At*

Ich werde **um** sieben hier sein.
I will be here **at** seven.

63- Schon – *Already*

Es ist erst 14:00 Uhr, aber ich bin **schon** mit allem fertig.
It is only 14:00 (2 PM) but I am **already** finished with everything.

64- Als – *When*

Als ich ankam, waren alle schon weg.
When I got there, everyone was gone already.

65- Geben – *To give*

Wir werden ihm nachher den Schlüssel **geben**.
We will **give** the keys to him later.

66- Auch – *Also*

Ich liebe dich **auch**.
I love you, **too.**

67- Jetzt – *Now*

Wir haben keine Zeit mehr – wir müssen **jetzt** gehen!
We don't have any more time – we have to go **now**!

68- Dann – *Then*

Zuerst gehen wir in die Stadmitte und **dann** in den Park.
First, we will go to the city center and **then** to the park.

69- Im – *In*

Du hast ja überhaupt nichts **im** Kühlschrank!
You haven't got anything **in** the fridge!

70- Dies – *This*

Er findet **dies** nicht in Ordnung.
He doesn't think **this** is okay.

71- Dieses Mal – *The time*

Okay, ich werde dich **dieses Mal** nicht bestrafen.
Okay, I won't punish you this **time**.

72- Kein – *No*

Sie kann nicht in den Urlaub fahren, denn sie hat **kein** Geld.
She cannot go on holiday because she has **no** money.

73- Das Weiß – *The white*

Das **Weiß** des Kleides ist nicht sehr schön.
The **white** of the dress is not very nice.

74- Lassen – *To let*

Kannst du die Kinder im Garten spielen **lassen**?
Can you **let** the children play in the garden?

75- Sollen – *Should*

Sie wissen nicht, was sie mit den ganzen Früchten aus dem Garten machen **sollen**.
They don't know what they **should** do with all the fruit from the garden.

76- Oder – *Or*

Wir können heute einkaufen gehen **oder** morgen.
We can go shopping today **or** tomorrow.

77- Alle – *All*

Alle Studenten müssen hier unterschreiben.
All students have to sign here.

78- Doch – *But*

Wir wollten heute wandern gehen, **doch** das Wetter ist zu schlecht.
We wanted to go hiking today, **but** the weather is too bad.

79- Nachdem – *After*

Nachdem er die Deutschprüfung bestanden hat, beginnt er mit seinem Studium.
After passing the German exam, he starts his studies.

80- Meine – *My (Feminine)*

Meine Mutter backt die besten Kuchen!
My mother bakes the best cakes!

81- Man – *One*

Es ist so dunkel, dass **man** gar nichts sehen kann.
It is so dark that **one** cannot see anything.

82- Nichts – *Nothing*

Ich habe Hunger, denn ich habe heute noch **nichts** gegessen!
I am hungry because I have eaten **nothing** today!

83- Wo – *Where*

Wo sind die neuen Schuhe, die ich gekauft habe?
Where are the new shoes that I bought?

84- Meinen – *To mean*

Wir **meinen**, dass du jetzt gehen solltest.
We **mean** that you should go now.

85- Oh – *Oh*

Oh! Ich habe dich gar nicht gesehen!
Oh! I didn't see you!

86- Der Mann – *The man*

Welcher **Mann** hat dir das Kleid verkauft?
Which **man** sold the dress to you?

87- Etwas – *Something*

Etwas stimmt hier nicht.
Something isn't right here.

88- Mehr – *More*

Möchtest du **mehr** Nudeln haben?
Do you want **more** pasta?

89- Habe – *I have*

Ich **habe** einen neuen Job und er gefällt mir sehr.
I **have** a new job and I really like it.

90- Warum – *Why*

Warum gehst du nicht ans Telefon?
Why aren't you answering the phone?

91- Also – *Hence*

Ich habe noch sehr viel zu tun, **also** kann ich nicht zur Party gehen.
I still have a lot to do, **hence** I cannot go to the party.

92- Bei – *At*

Wir treffen uns um 18:00 Uhr **bei** der Bäckerei.
We are meeting at 18:00 (6 PM) **at** the bakery.

93- Ihnen – *Them*

Kannst du **ihnen** bitte sagen, dass ich mich verspäten werde?
Can you please tell **them** that I will be running late?

94- Keine – *No*

Ich habe **keine** Ahnung, wo sie ist.
I have **no** idea where she is.

95- Immer – *Always*

Thomas muss **immer** das letzte Wort haben.
Thomas **always** has to have the last word.

96- Ganz – *All*

Ich habe den Kaffee **ganz** ausgetrunken.
I drank **all** the coffee.

97- Alles – *All*

Hast du **alles** verstanden?
Did you understand **all** of that?

98- Die Bitte / bitte – The request / please

Ich habe eine **Bitte**: Kannst du mich **bitte** zum Bahnhof fahren?
I have a **request**: Can you drive me to the train station **please**?

99- Vor – *In front of*

Sie hat das Auto **vor** dem Haus geparkt.
She parked the car **in front of** the house.

100- Wieder – *Again*

Wann sehen wir uns **wieder**?
When will we see each other **again**?

101- Zum – *For*

Ich werde ihr dieses Buch **zum** Geburtstag schenken.
I will give this book to her **for** her birthday.

102- Das Leben – *The life*

Ich könnte mir ein **Leben** ohne Musik nicht vorstellen.
I could not imagine a **life** without music.

103- Das Los – *The raffle ticket*

Wir sollten ein **Los** kaufen – vielleicht gewinnen wir!
We should buy a **raffle ticket** – maybe we will win!

104- Mögen – *To like*

Normalerweise **mögen** Kinder Schokolade sehr.
Normally children **like** chocolate a lot.

105- Einem – *An*

Der Zahnarzt füllte meinen Zahn mit **einem** Inlay.
The dentist filled my tooth with **an** inlay.

106- Sehr – *Very*

Anna findet Geschichte **sehr** interessant.
Anna finds history **very** interesting.

107- Ihm – *It*

Das Baby hat Hunger – ich werde **ihm** etwas zu essen geben.
The baby is hungry – I will give **it** some food.

108- Eine - A

Das ist alles **eine** Frage der Perspektive.
It's all **a** question of perspective.

109- Glauben – *To believe*

Es fällt mir schwer zu **glauben**, dass du wirklich gehen willst.
I find it hard to **believe** that you really want to go.

110- Der Dank – *The thanks*

Ein besonderer **Dank** geht an Frau Hamann.
A special **thanks** goes to Ms Hamann.

111- Viel – *A lot*

Wir haben nicht **viel** Geld, aber wir sind glücklich.
We don't have **a lot** of money, but we are happy.

112- Denn – *Because*

Sie kommt nicht mit ins Restaurant, **denn** sie hat schon gegessen.
She is not coming to the restaurant **because** she has already eaten.

113- Über – *About*

Wir haben schon viel **über** dich gehört!
We have heard a lot **about** you!

114- Vielleicht – *Maybe*

Das Wetter ist heute nicht sehr gut, aber **vielleicht** können wir morgen Tennis spielen gehen.
Today the weather isn't very good but **maybe** we can go and play tennis tomorrow.

115- Der Weg – *The way*

Ich bin mir nicht sicher, ob das der richtige **Weg** ist.
I am not sure if this is the right **way**.

116- Komm – *Come (Imperative)*

Lass uns mit der Achterbahn fahren. **Komm** schon!
Let's ride on the rollercoaster. **Come** on!

117- Denken – *To think*

Das kannst du doch nicht wirklich von mir **denken**!
You can't really **think** that of me!

118- Wirklich – *Really*

Hanno findet die Oper **wirklich** ausgezeichnet.
Hanno finds the opera **really** excellent.

119- Nie – *Never*

Wir würden **nie** Fleisch essen – wir sind strenge Vegetarier.
We would **never** eat meat – we are strict vegetarians.

120- Nehmen – *To take*

Kann ich mir noch ein Stück Kuchen **nehmen**?
Can I **take** another piece of cake?

121- Ist – *Is*

Es **ist** heute sonnig und warm.
Today it **is** sunny and warm.

122- Einfach – *Easy*

Es ist **einfach**, dieses Handy zu bedienen.
It is **easy** to operate this cell phone.

123- Des – *Of*

Das ist das Fahrrad **des** Schriftstellers.
This is the bike **of** the writer.

124- Die Frau – *The woman*

Die **Frau** aus meinem Büro spricht sehr gut Englisch.
The **woman** from my office speaks very good English.

125- Die Zeit – *The time*

Hast du morgen **Zeit**, einkaufen zu gehen?
Do you have **time** to go shopping tomorrow?

126- Okay – *Okay*

Ich finde es **okay**, dass du mir deine Meinung sagst.
I think it's **okay** that you are telling me your opinion.

127- Diese – *These*

Man kann **diese** Bananen nicht mehr essen.
One cannot eat **these** bananas anymore.

128- Am – *At the*

Wir sehen uns später **am** Bahnhof.
We'll see each other later **at the** train station.

129- Der Tag – *The day*

Heute ist der letzte **Tag** vor den Ferien!
Today is the last **day** before the holidays!

130- Finden – *To find*

Sie kann ihre Schlüssel einfach nicht mehr **finden**!
She simply cannot **find** her keys anymore!

131- Nun – *Now*

Wir haben das Treffen **nun** auf Montag verlegt.
We have **now** rescheduled the meeting for Monday.

132- Hören – *To hear*

Was ist das? Kannst du das auch **hören**?
What is that? Can you also **hear** that?

133- Euch – *You (Plural)*

Wir wünschen **euch** Frohe Weihnachten!
We wish **you** a Merry Christmas!

134- Weil – *Because*

Marianne möchte heute nicht ausgehen, **weil** sie krank ist.
Marianne does not want to go out today **because** she is ill.

135- Der Gott – *The god*

Thor ist der **Gott** des Donners.
Thor is the **god** of thunder.

136- Hey – *Hey*

Hey! Du hast dein Handy auf dem Tisch liegenlassen!
Hey! You left your cell phone on the table!

137- Deine – *Your (Feminine)*

Deine Frau kommt aus Mexiko, oder?
Your wife is from Mexico, right?

138- Heute – *Today*

Heute is Freitag und nach der Arbeit gehen wir in eine nette Bar.
Today is Friday and after work we are going to a nice bar.

139- Jemand – *Someone*

Kann mir bitte **jemand** helfen?
Can **someone** please help me?

140- Das Jahr – *The year*

Wir gehen jedes **Jahr** eine Woche nach Spanien.
Every **year** we go to Spain for a week.

141- Zurück – *Back*

Sarah weiß nicht, wann sie **zurück** nach Amerika geht.
Sarah does not know when she will go **back** to America.

142- Damit – *In order to*

Sie muss Geld sparen, **damit** sie in den Urlaub gehen kann.
She has to save up money **in order to** go on vacation.

143- Reden – *To talk*

Kann ich bitte mit dir **reden**?
Can I **talk** to you, please?

144- Das Haus – *The house*

Wir haben beschlossen, ein **Haus** zu bauen!
We have decided to build a **house**!

145- Bis – *Until*

Wir müssen diesen Bericht **bis** morgen fertig haben.
We must finish this report **until** tomorrow.

146- Gesagt – *Said*

Du hast gestern **gesagt**, dass du heute keine Zeit hast.
You **said** yesterday that you don't have time today.

147- Kennen – *To know (someone)*

Ich **kenne** Fabian noch nicht sehr gut.
I still don't **know** Fabian very well.

148- Die Leute – *The people*

Es werden viele **Leute** zu der Feier gehen.
Many **people** will go to the party.

149- Bringen – *To bring*

Kannst du mir bitte ein Glas Wasser **bringen**?
Can you please **bring** me a glass of water?

150- Das Leid – *The sorrow*

Es gibt viel **Leid** auf der Welt.
There is a lot of **sorrow** in this world.

151- Brauchen – *To need*

Ich glaube nicht, dass wir einen Regenschirm **brauchen** werden.
I don't think we'll **need** an umbrella.

152- OK – *OK*

Ist bei dir alles **OK**? Du siehst besorgt aus.
Is everything **OK** with you? You look worried.

153- Der Freund – *The friend*

Morgen treffe ich meinen besten **Freund** zum Mittagessen.
Tomorrow I will meet my best **friend** for lunch.

154- Anders – *Different*

Hast du etwas mit deinen Haaren gemacht? Du siehst heute **anders** aus!

Did you do something with your hair? You look **different** today!

155- Seine – *His (Feminine/Plural)*

Seine Frau spricht sehr gutes Deutsch und **seine** Kinder lernen es noch.

His wife speaks very good German and **his** children are going to learn it.

156- Groß – Big/*Large*

Der Baum im Garten ist wirklich **groß**!
The tree in the garden is really **big**!

157- Stehen – *To stand*

Ich möchte nicht zu lange in der Sonne **stehen**.
I don't want to **stand** in the sun for too long.

158- Herr – *Mr.*

Herr Müller, könnte ich Sie kurz sprechen?
Mr. Müller, could I speak to you for a moment?

159- Verstehen – *To understand*

Sie kann nicht **verstehen**, warum er so wütend ist.
She cannot **understand** why he is so angry.

160- Das Kind – *The child*

Das **Kind** meines Bruders ist 11 Jahre alt.
My brother's **child** is 11 years old.

161- Zwei – *Two*

Ich hätte gerne einen Tisch für **zwei** Personen.
I would like a table for **two** (people).

162- Helfen – *To help*

Soll ich dir bei der Gartenarbeit **helfen**?
Shall I **help** you with the gardening?

163- Bleiben – *To stay*

Leider muss ich jetzt gehen – ich kann nicht länger **bleiben**.
Unfortunately, I have to go now – I cannot **stay** any longer.

164- Sicher – *For sure*

Möchtest du nach der Arbeit etwas Essen gehen? - **Sicher**, das hört sich gut an!
Would you like to go and get something to eat after work? – **For sure**, that sounds good!

165- Genau – *Exactly*

Wann **genau** kommst du morgen in Berlin an?
When **exactly** will you be arriving in Berlin tomorrow?

166- Zur – *To*

Sie geht später **zur** Taufe ihrer Nichte.
Later she'll go **to** the christening of her niece.

167- Dein – *Your (Masculine/Neuter)*

Ist das **dein** Mantel?
Is that **your** coat?

168- Schön – *Nice*

Die Aussicht von hier ist wirklich **schön**!
The view from here is really **nice**!

169- Der Vater – *The father*

Der **Vater** seiner Freundin arbeitet in der Nähe des Supermarktes.
His girlfirend's **father** works close to the supermarket.

170- Der Sir – *The Sir*

Ich werde **Sir** Chessington ausrichten, dass Sie angekommen sind.
I will let **Sir** Chessington know that you have arrived.

171- Richtig – *Correct*

Sind die Zahlen in diesem Bericht **richtig**?
Are the numbers in this report **correct**?

172- Dieser – *This (Masculine)*

Dieser neue Computer ist einfach zu bedienen.
This new computer is easy to operate.

173- Na ja – *Well*

Na ja, wir werden sehen, ob das Wetter morgen besser ist.
Well, we will see if the weather is better tomorrow.

174- Der Morgen – *The morning*

Jeden **Morgen** steht sie um 06:00 Uhr auf.
Every **morning** she gets up at 06:00 (6 AM).

175- Das Hallo – *The hello*

Sie begrüßt alle mit einem herzlichen „**Hallo!**"
She greets everyone with a cordial "**Hello!**"

176- Ab – *From*

Das Schwimmbad ist **ab** 07:00 Uhr geöffnet.
The swimming pool is open **from** 07:00 (7 AM).

177- Durch – *By*

Durch das Lernen einer neuen Sprache erweitert man seinen Horizont.
By learning a new language, you can widen your horizon.

178- Sprechen – *To speak*

Könnten Sie bitte etwas lauter **sprechen**?
Could you please **speak** a little louder?

179- Dachte – *Thought*

Ich **dachte** immer, dass dir München gefällt.
I always **thought** you liked Munich.

180- Die Gerade – *The straight line*

Wir werden jetzt eine **Gerade** zeichnen.
We will now draw a **straight line**.

181- Klar – *Clear*

Es ist nicht **klar**, warum er die Firma verlassen hat.
It is not **clear** why he has left the company.

182- Die Hast – *The haste*

Das solltest du nicht in der **Hast** machen.
You should not do this in **haste**.

183- Gesehen – *Seen*

Am Wochenende haben wir einen tollen Film im Kino **gesehen**.
On the weekend we have **seen** a great film at the cinema.

184- Raus – *Out*

Wir müssen hier **raus**, bevor das Gebäude zusammenbricht!
We have to get **out** before the building collapses!

185- Das Geld – *The money*

Die meisten Leute arbeiten, um **Geld** zu verdienen.
Most people work in order to earn **money**.

186- Halten – *To hold*

Ich muss schnell etwas erledigen; kannst du bitte das Baby **halten**?
I quickly have to do something; can you please **hold** the baby?

187- Mach – *Do (Imperative)*

Mach es jetzt sofort!
Do it now!

188- Die Liebe – *The love*

Die **Liebe** ist das Thema vieler Romane und Filme.
Love is the topic of many novels and films.

189- Gemacht – *Done*

Hast du die Aufgaben **gemacht**?
Have you **done** the exercises?

190- Der Mensch – *The man*

Der **Mensch** ist zu vielen außergewöhlichen Dingen fähig.
Man is capable of doing many extraordinary things.

191- (Nicht) Dürfen – *To (not) be allowed to*

Sie **dürfen** den Rasen **nicht** betreten.
You **are not allowed** to walk on the grass.

192- Das Paar – *The pair*

Ich muss mir unbedingt ein neues **Paar** Schuhe kaufen.
I really have to buy a new **pair** of shoes.

193- Ob – *Whether*

Ich möchte gerne wissen, **ob** du mitkommst oder nicht.
I would like to know **whether** you are coming or not.

194- Jeder – *Everyone*

Jeder in dieser Firma hat bestimmte Aufgaben zu erledigen.
Everyone in this company has certain tasks to complete.

195- Klein – *Small*

Deine Hände sind wirklich **klein**!
Your hands are really **small**!

196- Die Mutter – *The mother*

Die **Mutter** meines Freundes ist ziemlich streng.
My friend's **mother** is pretty strict.

197- Bekommen – *To get*

Wann werden wir eine Gehaltserhöhung **bekommen?**
When will we **get** a pay rise?

198- Fragen – *To ask*

Wenn du etwas nicht weißt, solltest du **fragen**.
If you don't know something you should **ask**.

199- Sag – *Say (Imperative)*

Sag nichts!
Don't **say** anything!

200- Sollte – *Should*

Sie **sollte** sich bei der Arbeit mehr Mühe geben.
She **should** put in more effort at work.

201- Die Nacht – *The night*

Letzte **Nacht** hat es stark geregnet.
Last **night** it rained a lot.

202- Die Ordnung – *The order*

Dein Benehmen gestern war nicht **in Ordnung**.
Your behavior yesterday was not **in order.**

203- Sterben – *To die*

Eines Tages müssen wir alle **sterben**.
One day we all have to **die**.

204- Selbst – *Even*

Jeder muss diese Prüfung machen – **selbst** du!
Everyone has to do the exam – **even** you!

205- Passiert – *Happened*

Es ist alles so schnell **passiert**!
It all **happened** so fast!

206- Ohne – *Without*

Ohne deine Hilfe hätte ich es nicht geschafft.
I couldn't have done it **without** your help.

207- Das Alte – *The old*

Es ist nicht gut, immer an das **Alte** zu glauben.
It is not good to only believe in the **old**.

208- Neu – *New*

Dieses Auto hier ist **neu**.
This car here is **new**.

209- Die Sache – *The thing*

Es gibt noch eine **Sache**, die ich erledigen muss.
There is one more **thing** I need to do.

210- Ihre – Her/*Their (Feminine/Plural)*

Ihre Katze liegt gerne in der Sonne und **ihre** zwei Hunde bevorzugen den Schatten.
Her cat likes to lie in the sun and **their** two dogs prefer the shade.

211- Das Wohl – *The well-being*

Dem Manager liegt das **Wohl** seiner Mitarbeiter sehr am Herzen.
The manager cares a lot about the **well-being** of his employees.

212- Warten – *To wait*

Sie muss 10 Minuten auf den Bus **warten**.
She has to **wait** 10 minutes for the bus.

213- Dort – *There*

Dort drüben können wir das Auto parken.
Over **there** we can park the car.

214- Hör – *Listen (Imperative)*

Hör mir zu!
Listen to me!

215- Alle – *All*

Ich muss **alle** diese Bücher lesen!
I have to read **all** of these books!

216- Her – *Here*

Komm doch bitte mal schnell **her**.
Please come over **here** quickly.

217- Erst – *Only*

Er kann noch nicht gehen – er ist **erst** drei Monate alt!
He can't walk yet – he is **only** three months old!

218- Tot – *Dead*

Seine Katze ist leider **tot**.
Unfortunately, his cat is **dead**.

219- Gehört – *Heard*

Hast du die Nachrichten **gehört**?
Have you **heard** the news?

220- Besser – *Better*

Dieser Kaffee ist **besser** als der letzte.
This coffee is **better** than the last one.

221- Essen – *To eat*

Sarah hat Hunger – wir sollten etwas **essen**.
Sarah is hungry – we should **eat** something.

222- Niemand – *No one*

Niemand möchte den Müll rausbringen.
No one wants to take the trash out.

223- Geh – *Go (Imperative)*

Geh nach Hause!
Go home!

224- Meiner – *Mine (Masculine)*

-Ist das dein Stift? - Ja, das ist **meiner**.
-Is that your pen? – Yes, that's **mine**.

225- Fahren – *To go*

Im Sommer werden wir nach Italien **fahren**!
In the summer we will **go** to Italy!

226- Heißen – *To be called*

Viele Leute **heißen** Michael.
Many people are **called** Michael.

227- Vom – *From*

Dieser Stein kommt **vom** Mond.
This stone is **from** the moon.

228- Ihr – *Her (Masculine/Neuter)*

Ihr Mann spricht Italienisch und **ihr** Kind ebenfalls.
Her husband speaks Italian and **her** child as well.

229- Das Ding – *The thing*

Kannst du das **Ding** bitte wegschmeißen?
Can you throw this **thing** away please?

230- Lange – *Long*

Wie **lange** müssen wir warten?
How **long** do we have to wait?

231- Das Problem – *The problem*

Das **Problem** ist, dass keiner die Verantwortung übernehmen will.
The **problem** is that no one wants to take responsibility.

232- Weiter – *Further*

Diese Straße führt uns nur **weiter** in die falsche Richtung.
This road just leads us **further** in the wrong direction.

233- Arbeiten – *To work*

Am Wochenende muss er nicht **arbeiten**.
On the weekend he does not have to **work**.

234- Wieso – *Why*

Wieso kannst du nicht die Wahrheit sagen?
Why can't you tell the truth?

235- Das Recht – *The right*

Er hat das **Recht**, sich einen Anwalt zu nehmen.
He has the **right** to a lawyer.

236- Ins – *Into*

Wir gehen jetzt **ins** Wasser.
We're going **into** the water now.

237- Gleich – *Equal*

Vor dem Gesetz sind alle **gleich**.
Everyone is **equal** in front of the law.

238- Das Mädchen – *The girl*

Das **Mädchen** freut sich schon sehr auf die Schule.
The **girl** is really looking forward to school.

239- Abstimmen – *To vote*

In wenigen Minuten werden wir **abstimmen**.
We will **vote** in a few minutes.

240- Seit – *Since*

Wir leben **seit** 2001 hier.
We've been living here **since** 2001.

241- Vergessen – *To forget*

Ich werde deinen Geburtstag dieses Jahr nicht **vergessen**!
I won't **forget** your birthday this year!

242- Davon – *Thereof*

Davon habe ich ja noch gar nichts gehört!
I have not heard anything **thereof**!

243- Natürlich – *Of course*

-Kann ich noch etwas Tee haben? - **Natürlich**!
-Can I have more tea? – **Of course**!

244- Die Welt – *The world*

Die **Welt** hat viele schöne Orte zu bieten.
The **world** has many beautiful places to offer.

245- Der Halt – *The stop*

Das ist unser **Halt**, wir müssen hier aussteigen.
This is our **stop**, we have to get off here.

246- Überhaupt– *At all*

Er hat heute noch **überhaupt** nichts gegessen.
He hasn't eaten anything **at all** today.

247- Rein/Hinein – *Get in*

Wie kommen wir da **rein**? (Wie kommen wir da **hinein**?)
How do we **get in** there?

248- Hin – *To*

Wie kommen wir zum Bahnhof **hin**?
How do we get **to the train station**?

249- Drei – *Three*

Ich hätte gerne **drei** Brötchen.
I would like to have **three** bread rolls.

250- Die Hand – *The hand*

Er hat eine Narbe an seiner rechten **Hand**.
He has a scar on his right **hand**.

251- Unter – *Under*

Die Katze ist **unter** dem Tisch.
The cat is **under** the table.

252- Dafür – *For this*

Ich gebe dir 20 Euro **dafür**.
I will give you 20 Euros **for this**.

253- Das Warten – *The wait*

Das **Warten** auf das Essen hat sich gelohnt – es war köstlich!
The **wait** for the food was worth it – it was delicious!

254- Töten – *To kill*

Es ist falsch, andere Menschen zu **töten**.
It is wrong to **kill** other people.

255- Der Abstand – *The distance*

Der **Abstand** von hier bis zum Sofa beträgt 3 Meter.
The **distance** from here to the sofa is 3 meters.

256- Die Angst – *The fear*

Man darf sich von seiner **Angst** nicht kontrollieren lassen.
One should not be controlled by one's **fear**.

257- Zusammen – *Together*

Es wäre schön, wenn wir dieses Wochenende etwas **zusammen** machen könnten.
It would be nice if we could do something **together** this weekend.

258 – Scheiße – *Shit*

Alles war chaotisch, es war echt **scheiße**.
Everything was chaotic, it was really **shit**.

259- Treffen – *To meet*

Wo sollen wir uns morgen **treffen**?
Where shall we **meet** tomorrow?

260- Der Brauch – *The custom*

Bei uns ist es **Brauch**, an Weihnachten in die Kirche zu gehen.
It is a **custom** here to go to church on Christmas.

261- Genug – *Enough*

Ich kann das nicht mehr mitansehen – ich habe **genug**!
I can't look at this anymore – I've had **enough**!

262- Spielen – *To play*

Die Kinder können im Garten **spielen**.
The children can **play** in the garden.

263- Der Herr – *The Mr.*

Das hier ist **Herr** Müller, unser neuer Chef.
This is **Mr.** Müller, our new boss.

264- Die Minute – *The minute*

Er wird jede **Minute** ankommen!
He will arrive any **minute**!

265- Der Fall – *The case*

Die Polizei konnte den **Fall** nicht lösen.
The police could not solve the **case**.

266- Andere – *Other*

Es gibt auch noch **andere** Alternativen.
There are **other** alternatives.

267- Laufen – *To run*

Kannst du bitte etwas schneller **laufen**?
Can you please **run** a little faster?

268- Ach – *Oh*

Ach, das wusste ich nicht!
Oh, I didn't know that!

269- Der Bruder – *The brother*

Mein **Bruder** arbeitet in Hamburg.
My **brother** works in Hamburg.

270- Getan – *Done*

Du bist so komisch heute – habe ich dir etwas **getan**?
You are very strange today – have I **done** something to you?

271- Ne – *Nah*

-Sollen wir heute ins Kino gehen? -**Ne**, ich bin zu müde.
-Shall we go to the cinema today? -**Nah**, I'm too tired.

272- Das Wort – *The word*

Was heißt das? Ich kann dieses **Wort** nicht richtig lesen.
What does that say? I can't read this **word** properly.

273- Der Moment – *The moment*

Endlich ist der **Moment** gekommen, auf den wir alle gewartet haben!
Finally, the **moment** arrived, for which we have all been waiting for!

274- Fühlen – *To feel*

Ich kann mich hier einfach nicht wohl **fühlen**.
I just cannot **feel** comfortable here.

275- Suchen – *To search/To look for*

Kannst du mir bitte helfen, den Schlüssel zu **suchen**?
Can you please help me to **look for** the key?

276- Verdammen – *To condemn*

Man wird ihn zu einer Freiheitsstrafe **verdammen**.
They will **condemn** him to a custodial sentence.

277- Gegen – *Against*

Heute spielt Bayern München **gegen** den VFB Stuttgart.
Today Bayern Munich is playing **against** VFB Stuttgart.

278- Wegen – *Because of*

Wegen seines schlechten Verhaltens musste er die Bar verlassen.
Because of his bad behavior he had to leave the bar.

279- Liegen – *To lie*

Ich möchte jetzt auch gerne in der Sonne **liegen**.
I would also like to **lie** in the sun now.

280- Die Stunde – *The hour*

Ihr müsst in einer **Stunde** losfahren.
You have to leave in an **hour**.

281- Viele – *Many*

In Australien habe ich **viele** Fotos gemacht.
I took **many** pictures in Australia.

282- Holen – *To get*

Warte bitte auf mich, ich muss noch schnell meine Tasche **holen**.
Please wait for me, I quickly have to go and **get** my bag.

283- Die Arbeit – *The work*

Meine **Arbeit** ist ermüdend, doch ich verdiene viel Geld.
My **work** is tiring but I earn a lot of money.

284- Einzige – *Only*

Das ist der **einzige** Pullover, den ich habe.
This is the **only** pullover I have.

285- Das Auge – *The eye*

Er wird dich im **Auge** behalten.
He will keep an **eye** on you.

286- Eines – *One (Neuter)*

Ich werde mir ein Glas Wasser holen – möchtest du auch **eines**?
I will go and get a glass of water – do you also want **one**?

287- Weit – *Far*

Wir können nicht zu Fuß in die Stadt gehen, es ist zu **weit**.
We can't go into town by foot, it is too **far** away.

288- Der Typ – *The type*

David ist ganz und gar nicht mein **Typ**.
David isn't my **type** at all.

289- Bevor – *Before*

Bevor wir gehen, möchte ich noch meine Mutter anrufen.
I would like to call my mother **before** we go.

290- Versuchen – *To try*

Ich werde mein Bestes **versuchen**.
I will **try** my best.

291- Sonst – *Otherwise*

Sag mir die Wahrheit - **sonst** gehe ich nach Hause.
Tell me the truth – **otherwise** I am going home.

292- Dabei – *In the process*

Ich habe mich gedehnt und **dabei** habe ich mich verletzt.
I was stretching, and, **in the process**, I hurt myself.

293- Der Sohn – *The son*

Unser **Sohn** spielt jeden Sonntag Tennis.
Our **son** plays tennis every Sunday.

294- Wahr – *True*

Ist es **wahr**, dass du nach Italien ziehen möchtest?
Is it **true** that you would like to move to Italy?

295- Schnell – *Quickly*

Sie müssen noch **schnell** eine E-Mail schreiben.
You **quickly** have to write an email.

296- Einmal – *One time*

Wir sind **einmal** in den Schweizer Bergen wandern gegangen und es hat uns sehr gut gefallen!

We went hiking in the Swiss mountains **one time** and we really liked it a lot!

297- Die Woche – *The week*

Diese **Woche** habe ich leider keine Zeit.
Unfortunately, I don't have time this **week**.

298- Die Familie – *The family*

Ich weiß nicht, was ich ohne meine **Familie** machen würde.
I don't know what I would do without my **family**.

299- Das Baby – *The baby*

Wir können das **Baby** nicht alleine zu Hause lassen.
We cannot leave the **baby** home alone.

300- Zeigen – *To show*

Morgen werde ich dir **zeigen**, wie alles funktioniert.
Tomorrow I will **show** you how everything works.

301- Erinnern – *To remember*

Er kann sich nicht daran **erinnern**, was gestern passiert ist.
He cannot **remember** what happened yesterday.

302- Lieben – *To love*

Eltern werden ihre Kinder immer **lieben**.
Parents will always **love** their children.

303- Wann – *When*

Wann gehen wir ins Kino?
When are we going to the cinema?

304- Sofort – *Immediately*

Wir brauchen **sofort** Hilfe!
We need help **immediately**!

305- Seinen – *Its*

Das Pferd hört **seinen** Besitzer.
The horse hears **its** owner.

306- Der Junge – *The boy*

Dieser **Junge** ist unglaublich frech!
This **boy** is unbelievably cheeky!

307- Der Kopf – *The head*

Sein **Kopf** liegt auf dem Kissen.
His **head** lies on the pillow.

308- Beim – *At the*

Ich werde dich **beim** Restaurant treffen.
I will meet you **at the** restaurant.

309- Unser – *Our*

Unser Haus befindet sich in einem kleinen Dorf.
Our house is situated in a small village.

310- Darüber – *About it*

Sie möchte nicht **darüber** sprechen.
She does not want to talk **about it**.

311- Zur Verfügung stellen – *To provide*

Mein Arbeitgeber wird mir eine Wohnung **zur Verfügung stellen**.
My employer will **provide** a flat for me.

312- Gefunden – *Found*

Wo hast du dieses Buch **gefunden**?
Where have you **found** this book?

313- Entschuldigen – *To apologize*

Ich möchte mich bei dir **entschuldigen**.
I would like to **apologize** to you.

314- Dazu – *For this purpose*

Wir werden **dazu** Handschuhe anziehen.
We will put on gloves **for this purpose**.

315- Die Stadt – *The city*

Ich bevorzuge das Leben in einer **Stadt**.
I prefer living in a **city**.

316- Das Auto – *The car*

Letztes Wochenende hat er ein neues **Auto** gekauft.
Last weekend he bought a new **car**.

317- Daran – *It*

Ich kann **daran** wirklich nichts aussetzen.
I really cannot fault **it**.

318- Die Jacke – *The jacket*

Es ist ziemlich kalt, du solltest eine **Jacke** anziehen.
It is pretty cold, you should put on a **jacket**.

319- Dr. – *Dr.*

Marion wird von **Dr.** Schmidt untersucht.
Marion is being examined by **Dr.** Schmidt.

320- Der Krieg – *The war*

Im **Krieg** leiden viele Menschen.
Many people suffer during **war**.

321- Kriegen – *To get*

Er kann einfach nicht genug von ihr **kriegen**.
He simply cannot **get** enough of her.

322- Schlecht – *Bad*

Wir fanden den Schauspieler wirklich **schlecht**.
We found the actor really **bad**.

323- Echt – *Real*

Ist dieses Gemälde **echt**?
Is this painting **real**?

324- Die Sorge – *The concern*

Meine einzige **Sorge** ist, dass es zu spät sein könnte.
My only **concern** is that it could be too late.

325- Die Waffe – *The weapon*

Man braucht eine Erlaubnis, um eine **Waffe** kaufen zu dürfen.
One needs permission to be able to buy a **weapon**.

326- Jung – *Young*

Er wäre gerne noch einmal **jung**.
He would like to be **young** again.

327- Die Hilfe – *The help*

Ohne die **Hilfe** meiner Frau hätte ich es nie geschafft.
I never could have done it without the **help** of my wife.

328- Fertig – *Finished*

Ich bin **fertig**.
I am **finished**.

329- Nennen – *To call*

Du kannst mich Lila **nennen**.
You can **call** me Lila.

330- Die Schau – *The show*

Das ist nicht echt – es ist alles nur **Schau**!
It isn't real – it's all just **show**!

331- Der Grund – *The reason*

Es gibt keinen **Grund**, warum ich bleiben sollte.
There is no **reason** why I should stay.

332- Die Art – *The type*

Welche **Art** von Mensch bist du?
What **type** of person are you?

333- Eigentlich – *Actually*

Ich würde gerne ausgehen, aber **eigentlich** bin ich sehr müde.
I would like to go out, but I am **actually** very tired.

334- Nett – *Nice*

Die Kinder finden ihre Lehrerin sehr **nett**.
The children find their teacher very **nice**.

335- Erzählen – *To tell*

Er würde dir gerne mehr über seine Vergangenheit **erzählen**.
He would like to **tell** you more about his past.

336- Die Uhr – *The clock*

Diese **Uhr** scheint nicht zu funktionieren.
This **clock** does not seem to work.

337- Runter – *Down*

Kannst du bitte **runter** in die Küche kommen?
Can you please come **down** to the kitchen?

338- Der Name – *The name*

Das ist aber ein schöner **Name**!
That's such a nice **name**!

339- Beide – *Both*

Ich kann mich nicht zwischen ihnen entscheiden – ich nehme **beide**!
I cannot decide between them – I will take them **both**!

340- Das Ende – *The end*

Das **Ende** der Geschichte war sehr traurig.
The **end** of the story was very sad.

341- Hoch – *High*

Dieses Gebäude ist ungewöhnlich **hoch**.
This building is unusually **high**.

342- Ihrer – *Of her*

Der Mann **ihrer** Freundin ist Anwalt.
The husband **of her** friend is a lawyer.

343- Falsch – *Wrong*

Ich glaube, dass das **falsch** ist.
I believe that this is **wrong**.

344- Ziehen – *To pull*

Du musst daran **ziehen**.
You have to **pull** on it.

345- Verlassen – *To leave*

Er kann nicht glauben, dass ihn seine Frau **verlassen** hat.
He cannot believe that his wife has **left** him.

346- Zuletzt – *Lastly*

Und **zuletzt** möchte ich mich bei Anna bedanken.
And **lastly**, I would like to thank Anna.

347- Ihre – *Their*

Ihre Firma ist extrem erfolgreich.
Their company is extremely successful.

348- Das Land – *The land*

Die Familie besitzt hier viel **Land**.
The family owns a lot of **land** here.

349- Der Schatz – The treasure

Die Piraten haben einen **Schatz** vergraben.
The pirates buried a **treasure**.

350- Die Jungs – *The boys*

Ich denke, dass die **Jungs** noch Fußball schauen.
I think the **boys** are still watching soccer.

351- Ein bisschen – *A little*

Um erlich zu sein, habe ich vor Höhen **ein bisschen** Angst.
To be honest I am **a little** scared of hights.

352- Deiner – *Yours*

Ich bin mir nicht sicher, wessen Schal das ist. Ist das **deiner**?
I am not sure whose scarf this is. Is it **yours**?

353- Allein – *Alone*

Niemand fühlt sich gern **allein**.
No one likes to feel **alone**.

354- Der Teufel – *The devil*

Der **Teufel** wird oft mit Hörnern dargestellt.
The **devil** is often depicted with horns.

355- Die Eins – *The one*

Die **Eins** ist die erste Zahl.
One is the first number.

356- Die Tür – *The door*

Das Regal steht neben der **Tür**.
The shelf is next to the **door**.

357- Egal – *All the same*

Es ist mir **egal**, wann wir losfahren.
It's **all the same** to me at what time we are leaving.

358- Lang – *Long*

Dieser Wanderweg ist mir zu **lang**!
This hiking trail is too **long** for me!

359- Draußen – *Outside*

Die Hunde sind **draußen** im Garten.
The dogs are **outside** in the garden.

360- Gern – *Gladly*

Ich helfe **gern** anderen Leuten.
I **gladly** help other people.

361- Das Spiel – *The game*

Kennst du das **Spiel** Monopoly?
Do you know the **game** Monopoly?

362- Erschaffen – *To create*

Er kann mit seinen Händen wahre Kunstwerke **erschaffen**!
He can **create** real pieces of art with his hands!

363- Wichtig – *Important*

Kannst du bitte zuhören? Das hier ist **wichtig**!
Can you please listen? This is **important**!

364- Zu sein scheinen – *To seem*

Viele Leute sind anders, als sie auf den ersten Blick **zu sein scheinen**.
Many people are different to what they might **seem** like at first.

365- Darauf – *Thereon*

Unsere gesamten Ergebnisse basieren **darauf**.
Our entire results are based **thereon**.

366- Kurz – *Short*

Diese Bluse ist viel zu **kurz**.
This blouse is far too **short**.

367- Der Tod – *The death*

Am Ende eines jeden Lebens kommt der **Tod**.
At the end of every life comes **death**.

368- Der Monat – *The month*

Diesen **Monat** hat es noch nicht geregnet.
This **month** it hasn't rained yet.

369- Spät – *Late*

Anna kommt zu jedem Treffen zu **spät**.
Anna arrives **late** for every meeting.

370- Der Job – *The job*

Mein neuer **Job** ist wirklich toll!
My new **job** is really great!

371- Setzen – *To set*

Wir sollten unseren Kindern Grenzen **setzen**.
We should **set** boundaries for our children.

372- Welcher – *Which (masculine)*

Welcher Mitarbeiter sitzt an diesem Schreibtisch?
Which employee sits at this desk?

373- Später – *Later*

Ich kann gerade nicht reden, ich rufe dich **später** an.
I cannot talk right now, I will call you **later**.

374- Der Film – *The film*

Dieser **Film** ist wirklich spannend.
This **film** is really exciting.

375- Verschwinden – *To disappear*

In unserem Büro **verschwinden** ständig Kulis!
Pens constantly **disappear** in our office!

376- Der Name – *The name*

Mein **Name** ist Kathrin Schröder.
My **name** is Kathrin Schröder.

377- Das Glück – *The luck*

Mit ein bisschen **Glück** gewinnst du!
With a bit of **luck**, you will win!

378- Hoffen – *To hope*

Wir können nur **hoffen**, dass alles in Ordnung ist.
We can only **hope** that everything is okay.

379- Vorbei – *Past*

Dieses Auto fährt jeden Tag an meinem Haus **vorbei**.
This car drives **past** my house every day.

380- Seiner – *Its*

Das Kind sucht nach **seiner** Mutter.
The child is looking for **its** mother.

381- Tragen – *To wear*

Er wird heute eine Krawatte **tragen**.
He will **wear** a tie today.

382- Danke – *Thank you*

Danke für deine Hilfe!
Thank you for your help!

383- Schlafen – *To sleep*

Bei diesem Lärm kann ich nicht **schlafen**!
I cannot **sleep** with this noise!

384- Bald – *Soon*

Hoffentlich sehen wir uns **bald** wieder!
Hopefully we will see each other again **soon**!

385- Die Geschichte – *The history*

Die **Geschichte** dieses Landes ist faszinierend.
The **history** of this country is fascinating.

386- Bereit – *Ready*

Er ist für ein neues Abenteuer **bereit**.
He is **ready** for a new adventure.

387- Hinter – *Behind*

Er hat das Auto **hinter** dem Haus geparkt.
He parked the car **behind** the house.

388- Je – *Each*

Es gibt ein kostenloses Mittagessen **je** Person.
There is one free lunch for **each** person.

389- Wenig – *Not much*

Thomas hat momentan **wenig** Geld.
Thomas does **not** have **much** money at the moment.

390- Rufen – *To call (for someone)*

Ich werde dich **rufen**.
I will **call** for you.

391- Die Seite – *The page*

Die Telefonnummer steht auf der nächsten **Seite**.
The telephone number is on the next **page**.

392- Schwer – *Difficult*

Die Prüfung war wirklich **schwer**!
The exam was really **difficult**!

393- Der Kerl – *The guy*

Hat dieser **Kerl** mit dir gesprochen?
Did this **guy** talk to you?

394- Verrückt – *Crazy*

Stephan ist definitiv etwas **verrückt**.
Stephan is definitely a little **crazy**.

395- Toll – *Great*

Der Abend war wirklich **toll**!
The evening was really **great**!

396- Ruhig – *Quiet*

Der Ort gefällt mir, weil es hier so **ruhig** ist.
I like this place because it is so **quiet** here.

397- Eigene – *Own (Feminine)*

Das hier ist meine **eigene** Kreation.
This here is my **own** creation.

398- Fallen – *To fall*

Wenn du nicht aufpasst, wirst du **fallen**.
If you're not careful you will **fall**.

399- Die Rakete – *The rocket*

Die **Rakete** wird in wenigen Sekunden abfliegen.
The **rocket** will take off in a few seconds.

400- Trinken – *To drink*

Sollen wir noch einen Kaffee **trinken**?
Shall we **drink** another coffee?

401- Fast – *Almost*

Es ist schon **fast** Mitternacht.
It is **almost** midnight.

402- Drin – *In it*

Die Batterie ist schon **drin**.
The battery is already **in it**.

403- Kümmern – *To look after*

Keine Sorge, ich werde mich um den Hund **kümmern**.
Don't worry, I will **look after** the dog.

404- Sitzen – *To sit*

Dort drüben **sitzen** meine Eltern.
My parents **sit** over there.

405- Die Musik – *The music*

Welche **Musik** gefällt dir am besten?
Which **music** do you like best?

406- Sogar – *Even*

Sogar meine Großmutter musste stehen!
Even my grandmother had to stand!

407- Ziemlich – *Pretty*

Dieses Buch ist **ziemlich** bekannt.
This book is **pretty** well-known.

408- Das Wasser – *The water*

Du solltest mehr **Wasser** trinken.
You should drink more **water**.

409- Letzte – *Last (Feminine)*

Das ist die **letzte** Kiste!
This is the **last** box!

410- Die Macht – *The power*

Ein einzelner Mensch sollte nicht zu viel **Macht** haben.
One single person should not have too much **power**.

411- Verloren – *Lost*

Hast du den Verstand **verloren**?
Have you **lost** your mind?

412- Woher – *Where from*

Woher kommt ihr?
Where are you **from**?

413- Darum – *That is why*

Ich bin krank und **darum** kann ich nicht arbeiten gehen.
I am sick and **that is why** I cannot go to work.

414- Der Ruf – *The reputation*

Die Firma hat einen ausgezeichneten **Ruf**.
The company has an excellent **reputation**.

415- Die Polizei – *The police*

Gestern Abend wurde die **Polizei** gerufen.
Yesterday evening the **police** was called.

416- Die Ahnung – *The idea*

Ich habe keine **Ahnung**, wo sie ist.
I have no **idea** where she is.

417- Überhaupt – *At all*

Hast du mir **überhaupt** zugehört?
Did you listen to me **at all**?

418- Die Idee – *The idea*

Das ist eine fantastische **Idee**!
That is a fantastic **idea**!

419- Die Frage – *The question*

Ich habe eine **Frage**.
I have a **question**.

420- Der Ort – *The place*

Dieser **Ort** ist irgendwie unheimlich.
This **place** is creepy somehow.

421- Lieber – *Rather*

Er würde **lieber** nach Hause gehen.
He would **rather** go home.

422- Gerne – *You're welcome!*

-Danke, für deine Hilfe! - **Gerne**, kein Problem.
-Thank you for your help! - **You're welcome!**

423- Die Schwester – *The sister*

Meine **Schwester** wohnt in Heidelberg.
Meine **sister** lives in Heidelberg.

424- Oben – *Up there*

Dort **oben** liegen viele Magazine.
There are lots of magazines **up there**.

425- Bedeutet – *Means*

Das **bedeutet**, dass du keine Zeit hast.
That **means** you don't have time.

426- Die Chance – *The chance*

Jeder hat eine zweite **Chance** verdient.
Everyone deserves a second **chance**.

427- Der Gefallen – *The favor*

Ich schulde dir einen **Gefallen**.
I owe you a **favor**.

428- Der Wagen – *The car*

Wow! Dieser **Wagen** ist unglaublich!
Wow! This **car** is incredible!

429- Führen – *To lead*

Johannes wird uns durch den Wald **führen**.
Johannes will **lead** us through the forest.

430- Jeder – *Everyone*

Jeder hat das Recht auf Freiheit.
Everyone has the right to freedom.

431- Die Tochter – *The daughter*

Seine **Tochter** heißt Laura.
His **daughter** is called Laura.

432- Gekommen – *Came*

Meine Freundin aus Berlin ist **gekommen**.
My friend from Berlin **came**.

433- Der Teil – *The part*

Dieser **Teil** der Geschichte ist spannend.
This **part** of the story is gripping.

434- Versucht – *Tries*

Er **versucht**, alles selbst zu machen.
He **tries** to do everything on his own.

435- Etwa – *About*

Wir sind in **etwa** einer Stunde da.
We will be there in **about** an hour.

436- Die Ruhe – *The quiet*

Die **Ruhe** in den Bergen ist entspannend.
The **quiet** in the mountains is relaxing.

437- Das Gesicht – *The face*

Sie hat ein hübsches **Gesicht**.
She has a pretty **face**.

438- Verlieren – *To lose*

Niemand möchte dieses Spiel **verlieren**.
No one wants to **lose** this game.

439- Lernen – *To learn*

Um die Prüfung zu bestehen, musst du viel **lernen**.
In order to pass the exam, you have to **learn** a lot.

440- Schreiben – *To write*

Ich werde meinen Großeltern einen Brief **schreiben**.
I will **write** a letter to my grandparents.

441- Nächste – *Next (Feminine)*

Nächste Woche fahren wir nach Florida!
Next week we are going to Florida!

442- Der/Die/Das Erste – *The first*

Sie ist die **Erste**, die etwas gesagt hat.
She ist the **first** one to say something

443- Der Versuch – *The attempt*

Du hast nur einen **Versuch**.
You only have one **attempt**.

444- Das Schiff – *The ship*

Auf dem **Schiff** befinden sich viele Leute.
There are many people on the **ship**.

445- Fünf – *Five*

Sie werden in **fünf** Minuten gehen.
They will leave in **five** minutes.

446- Äh – *Um*

Äh, ich bin mir nicht sicher.
Um, I am not sure.

447- Während – *During*

Während der Nacht hat es geregnet.
It rained **during** the night.

448- Gewesen – *Been*

Ich bin hier noch nie **gewesen**.
I have never **been** here.

449- Vier – *Four*

Sie hat **vier** Brüder.
She has **four** brothers.

450- Niemals – *Never*

Er möchte **niemals** im Ausland arbeiten.
He **never** wants to work abroad.

451- War – *Was*

Das **war** ein schöner Abend.
That **was** a nice evening.

452- Die Wahrheit – *The truth*

Es ist immer besser, die **Wahrheit** zu sagen.
It is always better to tell the **truth**.

453- Verschiedene – *Various*

Im Deutschen existieren **verschiedene** Satzarten.
There are **various** types of sentences in German.

454- Die Armen – *The poor*

Die **Armen** können sich kaum etwas zu essen leisten.
The **poor** can barely afford something to eat.

455- Denen – *To whom*

Die Kinder, **denen** du gestern deinen Basketball gegeben hast, sind hier.
The children, **to whom** you gave your basketball yesterday, are here.

456- Die Schulden – *The debt*

Er weiß nicht, wie er seine **Schulden** bezahlen soll.
He doesn't know how to pay off his **debt**.

457- Lesen – *To read*

In der Schule mussten wir viel **lesen**.
At school we had to **read** a lot.

458- Die Mama – *The mom*

Wo ist deine **Mama**?
Where is your **mom**?

459- Der Dollar – *The dollar*

Ich habe heute einen **Dollar** auf der Straße gefunden!
I found a **dollar** on the street today!

460- Der Spaß – *The fun*

Es macht **Spaß**, sich mit Freunden zu treffen.
It is **fun** to meet up with friends.

461- Frei – *Free*

Es ist schön, **frei** zu sein.
It is nice to be **free**.

462- Der Ernst – *The seriousness*

Du hast den **Ernst** der Lage noch immer nicht begriffen.
You still don't understand the **seriousness** of this situation.

463- Früh - *Early*

Es ist zu **früh**, um aufzustehen.
It is too **early** to get up.

464- Das Vertrauen – *The trust*

Du verdienst mein **Vertrauen** nicht!
You don't deserve my **trust**!

465- Deshalb – *That is why*

Er fühlt sich nicht gut und **deshalb** bleibt er zu Hause.
He doesn't feel well and **that is why** he is staying at home.

466- Gestern – *Yesterday*

Wir waren **gestern** in der Oper.
We were at the opera **yesterday**.

467- Erzählt – *Told*

Habe ich dir schon von meinem Abenteuer **erzählt**?
Have I already **told** you about my adventure?

468- Zwischen – *Between*

Das Auto steht **zwischen** zwei Bäumen.
The car is **between** two trees.

469- Das Herz – *The heart*

Du hast ein kaltes **Herz**!
You have a cold **heart**!

470- Der/Die/Das Beste – *The best*

Danke, du bist der **Beste**!
Thank you, you're the **best**!

471- Das Zimmer – *The room*

Dieses **Zimmer** hat die beste Aussicht.
This **room** has the best view.

472- Verdammt – *Damn it*

Verdammt! Ich kann meinen Reisepass nicht finden!
Damn it! I can't find my passport!

473- Die Freundin – *The friend (female friend)*

Meine **Freundin** Sarah hat viele Probleme.
My **friend** Sarah has many problems.

474- Getötet – *Killed*

In diesen Krieg wurden viele Menschen **getötet**.
Many people were **killed** in this war.

475- Die Nachricht – *The message*

Ich habe dir eine **Nachricht** geschickt.
I sent you a **message**.

476- Unter – *Below*

Die Temperaturen sind **unter** 0° gefallen.
Temperatures have fallen **below** 0°.

477- Der Plan – *The plan*

Wir brauchen einen **Plan**.
We need a **plan**.

478- Retten – *To save*

Kann man dieses Haus noch **retten**?
Is it possible to **save** this house?

479- Beide – *Both*

Er will euch **beide** sprechen.
He wants to talk to **both** of you.

480- Fangen – *To catch*

Kannst du den Ball **fangen**?
Can you **catch** the ball?

481- Das Bett – *The bed*

Mein **Bett** ist wirklich gemütlich.
My **bed** is really comfortable.

482- Der Arsch – *The ass*

Du bist ein totaler **Arsch**!
You're such an **ass**!

483- Glücklich – *Happy*

Wir sind in den Bergen sehr **glücklich**.
We're very **happy** in the mountains.

484- Möglich – *Possible*

Ist es **möglich**, den Flug zu stornieren?
Is it **possible** to cancel the flight?

485- Die Entschuldigung – *The apology*

Deine **Entschuldigung** kommt zu spät.
Your **apology** is too late.

486- Unserer – *Ours*

-Ist das euer Wagen? -Ja, das ist **unserer**.
-Is that your car? -Yes, that's **ours**.

487- Der Hund – *The dog*

Sie wollte schon immer einen **Hund** haben.
She's always wanted a **dog**.

488- Einstecken – *To plug in*

Du kannst den Computer dort **einstecken**.
You can **plug in** your computer there.

489- Das Buch – *The book*

Dieses **Buch** habe ich noch nicht gelesen.
I haven't read **this** book yet.

490- Wohin – *Where (to)*

Wohin sollen wir am Wochenende gehen?
Where shall we go on the weekend?

491- Manchmal – *Sometimes*

Manchmal wäre es schön, mehr Geld zu haben.
Sometimes it would be nice to have more money.

492- Das Blut – *The blood*

Wenn ich **Blut** sehe, wird mir schlecht.
I feel sick when I see **blood**.

493- Reichen – *To pass*

Kannst du mir bitte die Butter **reichen**?
Can you please **pass** me the butter?

494- Geschehen – *To happen*

Wann ist das alles **geschehen**?
When did this all **happen**?

495- Eben – *Just*

Ich habe ihn **eben** angerufen.
I **just** called him.

496- Das Fest – *The party*

Das **Fest** war wirklich unterhaltsam.
The **party** was really entertaining.

497- Ah – *Ah*

Ah, jetzt verstehe ich, was du meinst!
Ah, now I know what you mean!

498- Bloß – *Only*

Ich habe **bloß** zwei Minuten Zeit.
I **only** have two minutes.

499- Der Pass – *The pass*

Hast du diesen **Pass** gesehen? Er war genial!
Did you see this **pass**? It was genius!

500- Die Nummer – *The number*

Er wählt die **Nummer** seiner Freundin.
He is dialing his girlfriend's **number**.

501- Der Platz – *The space*

Hier ist nicht genügend **Platz**, um Fußball zu spielen.
There isn't enough **space** to play football here.

502- Schlimm – *Bad*

Es ist **schlimm**, dass du nicht mit ihr redest.
It is **bad** you're not talking to her.

503- Die Straße – *The road*

Diese **Straße** führt zum Rathaus.
This **road** leads to the town hall.

504- Endlich – *At last*

Endlich ist Wochenende!
It's the weekend **at last**!

505- Irgendwas – *Something*

Wir sollten **irgendwas** essen.
We should eat **something**.

506- Das Gefühl – *The feeling*

Kennst du dieses **Gefühl**?
Do you know this **feeling**?

507- Voll – *Full*

Das Glas ist **voll**.
The glass is **full**.

508- Dumm – *Stupid*

Ich kann nicht glauben, wie **dumm** sie ist.
I cannot believe how **stupid** she is.

509- Die Schule – *The school*

Sie geht gern in die **Schule**.
She likes going to **school**.

510- Fliegen – *To fly*

Fabian möchte nicht **fliegen**, da er Angst hat.
Fabian doesn't want to **fly** because he is afraid.

511- Bleib – *Stay (Imperative)*

Bleib bei mir!
Stay with me!

512- Außer – *Except*

Alle fanden den Film gut – **außer** dir!
Everyone liked the film – **except** for you!

513- Stark – *Strong*

Er ist unheimlich **stark**!
He's incredibly **strong**!

514- Hart – *Hard*

Dieses Material ist besonders **hart**.
This material is particularly **hard**.

515- Der Arzt – *The doctor*

Sie muss heute zum **Arzt** gehen.
She has to go and see a **doctor** today.

516- Bring – *Bring (Imperative)*

Bring mir die Flasche!
Bring me the bottle!

517- Das Ziel – *The aim*

Das **Ziel** ist, so viel Produkte wie möglich zu verkaufen.
The **aim** is to sell as many products as possible.

518- Die Sekunde – *The second*

Jede **Sekund**e zählt.
Every **second** counts.

519- Passen – *To fit*

Diese Schuhe **passen** mir einfach nicht!
These shoes simply won't **fit** me!

520- Schauen – *To look*

Sie werden alle aus dem Fenster **schauen**.
They will all **look** outside the window.

521- Kaufen – *To buy*

Er würde sich gerne neue Klamotten **kaufen**.
He would like to **buy** new clothes.

522- Klingen – *To sound*

Diese Ideen **klingen** wunderbar!
These ideas **sound** wonderful!

523- Versprechen – *To promise*

Du musst mir **versprechen**, nichts zu sagen.
You have to **promise** me not to say anything.

524- Legen – *To place*

Du kannst die Äpfel in die Schale **legen**.
You can **place** the apples in the bowl.

525- Großartig – *Great*

Die Ausstellung war wirklich **großartig**!
The exhibition was really **great**!

526- Die Menge – *The amount*

Diese **Menge** Mehl sollte reichen.
This **amount** of flour should be enough.

527- Heiß – *Hot*

Heute ist es extrem **heiß**.
Today it is extremely **hot**.

528- Schlagen – *To beat*

Wir werden euch in dieser Runde **schlagen**!
We will **beat** you in this round.

529- Schicken – *To send*

Ich werde Angela eine Postkarte **schicken**.
I will **send** a postcard to Angela.

530- Heiraten – *To marry*

Er würde seine Freundin gerne **heiraten**.
He would like to **marry** his girlfriend.

531- Bestimmt – *Certainly*

Wir werden uns **bestimmt** bald wiedersehen!
We will **certainly** see each other again soon!

532- Der Traum – *The dream*

Das hier muss ein **Traum** sein!
This here has to be a **dream**!

533- Kleiner – *Minor*

Es war nur ein **kleiner** Vorfall.
It was just a **minor** incident.

534- Zuerst – *First*

Zuerst dusche ich mich und dann können wir gehen.
I am going to shower **first** and then we can go.

535- Ihrem – *Their*

Sie werden in **ihrem** neuen Auto kommen.
They will come in **their** new car.

536- Das Böse – *The evil*

Man muss das **Böse** bekämpfen.
One has to fight **evil**.

537- Sichern – *To secure*

Ich werde noch schnell die Fenster **sichern**.
I will quickly **secure** the windows.

538- Oft – *Often*

In unserer Gegend regnet es **oft**.
It **often** rains in our area.

539- Kämpfen – *To fight*

Es hat keinen Sinn, noch weiter zu **kämpfen**.
It makes no sense to continue to **fight**.

540- Beginnen – *To start/To begin*

Die Vorstellung wird in wenigen Minuten **beginnen**.
The performance will **begin** in a few minutes.

541- Aussehen – *To look (like)*

Man kann nicht immer perfekt **aussehen**.
One cannot always **look** perfect.

542- Das Wiedersehen – *The reunion*

Das **Wiedersehen** war einfach herrlich!
The **reunion** was simply delightful!

543- Gedacht – *Thought*

Das hätte ich nie von ihm **gedacht**!
I never would have **thought** that of him!

544- Das Bild – *The image*

Dieses **Bild** gefällt mir am besten.
I like this **image** the most.

545- Gegeben – *Given*

Er hat uns seine Dokumente **gegeben**.
He has **given** us his documents.

546- Das Telefon – *The phone*

Das ist ein neues **Telefon**.
This is a new **phone**.

547- Drauf – *On it*

Da ist schon Butter **drauf**.
There's already butter **on it**.

548- Lachen – *To laugh*

Mit seinen Freunden muss er oft **lachen**.
He often has to **laugh** with his friends.

549- Wahrscheinlich – *Probably*

Wahrscheinlich ist sie nach Hause gegangen.
She **probably** went home.

550- Irgendwie – *Somehow*

Das fühlt sich **irgendwie** komisch an.
This feels strange **somehow**.

551- Ändern – *To change*

Hier werden sich viele Dinge **ändern**.
Many things will **change** around here.

552- Sechs – *Six*

Wir brauchen einen Tisch für **sechs** Personen.
We need a table for **six** people.

553- Der Fehler – *The error*

Die Meldung sagt, dass es einen **Fehler** gibt.
The message says that there is an **error**.

554- Hierher – *Here*

Wir sollten das Sofa **hierher** stellen.
We should put the sofa **here**.

555- Passieren – *To happen*

In dieser Serie **passieren** ständig komische Sachen.
In this series strange things **happen** constantly.

556- Die Erde – *The earth*

Die **Erde** ist ein Planet.
Earth is a planet.

557- Der König – *The king*

Der **König** lebte in einem großen Schloss.
The **king** lived in a big castle.

558- Bereits – *Already*

Sie ist **bereits** ins Bett gegangen.
She **already** went to bed.

559- Sondern – *But*

Ich komme nicht aus Deutschland, **sondern** aus der Schweiz.
I'm not from Germany **but** from Switzerland.

560- Das Feuer – *The fire*

Sie konnten das **Feuer** nicht löschen.
They couldn't put out the **fire**.

561- Langsam – *Slowly*

Du musst dich der Katze **langsam** nähern.
You have to approach the cat **slowly**.

562- Wohnen – *To live*

Ich möchte auch gerne am Meer **wohnen**.
I would also like to **live** by the sea.

563- Wünschen – *To wish*

Wir **wünschen** dir eine gute Reise.
We **wish** you a pleasant journey.

564- Aufhören – *To stop*

Kannst du bitte damit **aufhören**, so zu schreien?
Can you please **stop** shouting like that?

565- Ehrlich – *Honest*

Vor Gericht muss man **ehrlich** sein.
At court one has to be **honest**.

566- Yeah – *Yeah*

Yeah, da hast Du vollkommen recht!
Yeah, you are completely right!

567- Bitten – *To ask*

Ich würde dich gerne **bitten**, deine Füße vom Tisch zu nehmen.
I would like to **ask** you to take your feet off the table.

568- Schießen – *To shoot*

Er möchte nicht auf das Ziel **schießen**.
He does not want to **shoot** the target.

569- Die Hölle – *The hell*

In der **Hölle** ist es angeblich heiß.
Apparently, it is hot in **hell**.

570- Das Stück – *The piece*

Möchtest du ein **Stück** Kuchen?
Would you like a **piece** of cake?

571- Schreien – *To shout*

Du musst lauter **schreien**, damit sie dich hört.
You have to **shout** louder so she can hear you.

572- Umbringen – *To kill*

Ich könnte diesen Idioten **umbringen**!
I could **kill** this idiot!

573- Wäre – *Would*

Es **wäre** schön, wenn du mich abholen könntest.
It **would** be nice if you could pick me up.

574- Das Geschäft – *The business*

Das **Geschäft** verbessert sich immer mehr.
Business is improving more and more.

575- Das Büro – *The office*

Könnten Sie bitte in mein **Büro** kommen?
Could you please come to my **office**?

576- Erklären – *To explain*

Ich kann nicht **erkären**, was ich gesehen haben.
I canot **explain** what I saw.

577- Der Kumpel – *The mate*

Ist das dein **Kumpel**?
Is that your **mate**?

578- Der Präsident – *The president*

Der **Präsident** sitzt an seinem Schreibtisch.
The **president** is sitting at his desk.

579- Direkt – *Directly*

Bitte schicke den Brief **direkt** an das Büro.
Please send the letter **directly** to the office.

580- Das Alter – *The age*

Das **Alter** spielt für viele Leute eine wichtige Rolle.
Age plays an important role for many people.

581- Kaum – *Hardly*

Sie hat gestern Nacht **kaum** geschlafen.
She **hardly** slept last night.

582- Krank – *Ill*

Anna kommt heute nicht - sie ist **krank**.
Anna won't be coming today - she's **ill**.

583- Das Team – *The team*

Ich möchte Ihnen das neue **Team** vorstellen.
I would like to introduce the new **team** to you.

584- Das Zeug – *The stuff*

Wir sollten dieses ganze **Zeug** wegschmeißen.
We should throw all this **stuff** away.

585- Anrufen – *To call*

Du musst Heinrich **anrufen**.
You have to **call** Heinrich.

586- Keiner – *Nobody*

Keiner hat uns gesagt, dass der Laden geschlossen hat.
Nobody told us that the shop is closed.

587- Einige – *Some*

Einige Mitarbeiter sind hier nicht glücklich.
Some employees aren't happy here.

588- Der Wert – *The value*

Der **Wert** des Hauses wird auf 300.000 Euro geschätzt.
The **value** of the house is estimated to be 300,000 Euros.

589- Öffnen – *To open*

Sie möchte das Fenster **öffnen**.
She would like to **open** the window.

590- Froh – *Glad to*

Ich bin so **froh**, dich zu sehen!
I am so **glad** to see you!

591- Alleine – *Alone*

Er fühlt sich in dieser Stadt **alleine**.
He feels **alone** in this city.

592- Gefällt – *Like*

Mir **gefällt** dieses Gemälde sehr.
I really **like** this painting.

593- Werfen – *To throw*

Das kannst du in den Müll **werfen**.
You can **throw** that in the bin.

594- Der Himmel – *The sky*

Am **Himmel** sind viele Wolken.
There are many clouds in the **sky**.

595- Freuen – *To look forward to*

Du kannst dich auf einen tollen Tag am Strand **freuen**!
You can **look forward to** a great day at the beach!

596- Die Luft – *The air*

Die **Luft** hier ist unheimlich frisch.
The **air** here is incredibly fresh.

597- Die Eltern – *The parents*

Meine **Eltern** wohnen in Frankreich.
My **parents** live in France.

598- Liebe – *Dear (Feminine)*

Liebe Marie, kannst du das bitte machen?
Dear Marie, can you please do that?

599- Der Körper – *The body*

Sein **Körper** hat viele Muskeln.
His **body** has a lot of muscles.

600- Lügen – *To lie*

Man sollte nicht **lügen**.
One should not **lie**.

601- Willkommen – *Welcome*

Willkommen in Deutschland!
Welcome to Germany!

602- Gehören – *To belong to*

Gehören diese Schuhe dir?
Do these shoes **belong to** you?

603- Überall – *Everywhere*

Dieses Produkt gibt es **überall** zu kaufen.
You can buy this product **everywhere**.

604- Hol – *Get (Imperative)*

Hol mir ein Glas Wasser!
Get me a glass of water!

605- Anfangen – *To start*

Wir sollten **anfangen**, zu singen.
We should **start** to sing.

606- Folgen – *To follow*

Bitte **folgen** Sie mir.
Please **follow** me.

607- Der Doktor – *The doctor*

Der **Doktor** hat gesagt, dass ich im Bett bleiben muss.
The **doctor** told me to stay in bed.

608- Verstanden – *Understood*

Du hast immer noch nicht **verstanden**, was ich meine.
You still haven't **understood** what I mean.

609- Die Party – *The party*

Die **Party** war wirklich unterhaltsam.
The **party** was really entertaining.

610- Der Hass – *The hatred*

Er ist von **Hass** erfüllt.
He is full of **hatred**.

611- Leicht – *Easily*

Das können wir **leicht** ändern.
We can change that **easily**.

612- Zehn – *Ten*

Ihr braucht **zehn** Stühle.
You need **ten** chairs.

613- Ist – *Is*

Er **ist** neu hier.
He **is** new here.

614- Gewinnen – *To win*

Man kann **gewinnen**, wenn man ein Ass hat.
You can **win** if you have an ace.

615- Halb – *Half*

Die Tasse ist **halb** voll.
The cup is **half** full.

616- Die Person – *The person*

Ich kenne diese **Person** nicht.
I don't know this **person**.

617- Erfahren – *To find out*

Wann werden wir die Ergebnisse **erfahren**?
When will we **find out** the results?

618- Schwarz – *Black*

Die meisten meiner Schuhe sind **schwarz**.
Most of my shoes are **black**.

619- Hübsch – *Pretty*

Du siehst heute sehr **hübsch** aus!
You look very **pretty** today!

620- Drehen – *To turn*

Du musst diesen Knopf **drehen**.
You have to **turn** this button.

621- Dauern – *To take (time)*

Wie lange wird es **dauern**?
How long will it **take**?

622- Der Sinn – *The sense*

Manche Menschen haben einen sechsten **Sinn**.
Some people have a sixth **sense**.

623- Perfekt – *Perfectly*

Das Kleid passt **perfekt**!
The dress fits **perfectly**!

624- Das Licht – *The light*

Das **Licht** in der Küche ist an.
The **light** in the kitchen is on.

625- Behalten – *To keep*

Das kannst du **behalten**.
You can **keep** that.

626- Trotzdem – *Nevertheless*

Es ist kalt, aber ich möchte **trotzdem** nach draußen gehen.
It is cold, but I would like to go outside **nevertheless**.

627- Nochmal – *Again*

Kannst du das bitte **nochmal** sagen?
Can you please say that **again**?

628- Hm – *Hm*

Hm, ich bin mir nicht sicher, wo ich die Schlüssel gelassen habe.
Hm, I am not sure where I left the keys.

629- Der Kampf – *The fight*

Du wirst den **Kampf** gewinnen!
You will win the **fight**!

630- Danach – *After that*

Sie geht jetzt in den Supermarkt und **danach** ins Kino.
She is going to the supermarket now and **after that** to the cinema.

631- Das Bein – *The leg*

Mein **Bein** tut weh!
My **leg** hurts!

632- Meistens – *Mostly*

Sie war **meistens** vertrauenswürdig und genau.
Mostly, she was trustworthy and accurate.

633- Geworden – *Become*

Er ist ein großer Mann **geworden**.
He has **become** a big man.

634- Benutzen – *To use*

Kann ich dein Handy **benutzen**?
Can I **use** your cell phone?

635- Cool – *Cool*

Diese Achterbahn ist wirklich **cool**!
This rollercoaster is really **cool**!

636- Der Fuß – *The foot*

Sein **Fuß** ist ziemlich groß.
His **foot** is pretty big.

637- Der Agent – *The agent*

Der **Agent** arbeitet für die Polizei.
The **agent** is working for the police.

638- Völlig – *Completely*

Das ist doch **völlig** verrückt!
That's **completely** insane!

639- Der Witz – *The joke*

Er kennt einen lustigen **Witz**.
He knows a funny **joke**.

640- Gebracht – *Brought*

Sie hat ihm Suppe **gebracht**.
She has **brought** him soup.

641- Der Papa – *The dad*

Mein **Papa** spielt viel Tennis.
My **dad** plays a lot of tennis.

642- Der Rest – *The rest*

Er warf den **Rest** seines Kaffees in die Spüle und verließ den Raum.
He dumped the **rest** of his coffee in the sink and left the room.

643- Die Zukunft – *The future*

Wir wissen nicht, was in der **Zukuft** passieren wird.
We don't know what will happen in the **future**.

644- Der Laden – *The store*

Der **Laden** gehört meiner Tante.
This **store** belongs to my aunt.

645- Getroffen – *Met*

Wir haben deine Tochter **getroffen**.
We have **met** your daughter.

646- Erwarten – *To expect*

Ich weiß nicht, was ich von dir **erwarten** kann.
I don't know what I can **expect** from you.

647- Funktioniert – *Worked*

Der Trick hat **funktioniert**!
The trick **worked**!

648- Lustig – *Funny*

Er findet diesen Witz wirklich **lustig**.
He finds this joke really **funny**.

649- Gegangen – *Gone*

Sie ist schon nach Hause **gegangen**.
She has already **gone** home.

650- Hängen – *To hang*

Du solltest die Klamotten in den Schrank **hängen**.
You should **hang** the clothes into the wardrobe.

651- Drüben – *Over there*

Dein Sohn wartet dort **drüben** auf dich.
Your son is waiting for you **over there**.

652- Der Kaffee – *The coffee*

Ich möchte gerne eine Tasse **Kaffee** trinken.
I would like to drink a cup of **coffee**.

653- Ähm – *Um*

Ähm, ich bin mir nicht sicher, was ich sagen soll.
Um, I am not sure what to say.

654- Singen – *To sing*

Er kann wirklich gut **singen**!
He can **sing** really well!

655- Bezahlen – *To pay*

Wir möchten gerne mit Kreditkarte **bezahlen**.
We would like to **pay** by credit card.

656- Der Schlüssel – *The key*

Der **Schlüssel** ist in meiner Tasche.
The **key** is in my bag.

657- Die Million – *The million*

Wenn ich eine **Million** hätte, würde ich mir eine Wohnung kaufen.
If I had a **million** I would buy a flat.

658- Genommen – *Taken*

Ich habe dein Auto **genommen**.
I've **taken** your car.

659- Jede – *Each*

Jede Nacht schläft er auf dem Sofa ein.
Each night he falls asleep on the sofa.

660- Die Klasse – *The class*

Du warst in meiner **Klasse**.
You were in my **class**.

661- Die Karte – *The map*

Er sieht auf der **Karte**, wo sie sind.
He sees on the **map** where they are.

662- Irgendwo – *Somewhere*

Können wir **irgendwo** ein Wasser trinken?
Can we drink some water **somewhere**?

663- Normal – *Normal*

Dein Verhalten ist nicht **normal**.
Your behavior is not **normal**.

664- Nachdem – *After*

Nachdem wir gegessen haben, gehen wir ins Theater.
After we've eaten we'll go to the theater.

665- Das Gefängnis – *The prison*

Sie muss für 10 Jahre ins **Gefängnis**.
She has to go to **prison** for 10 years.

666- Der Befehl – *The command*

Er hat den **Befehl** gegeben.
He gave the **command**.

667- Der Mord – *The murder*

Der **Mord** kam überall in den Nachrichten.
The **murder** was all over the news.

668- Welche – *Which*

Welche Jacke soll ich anziehen?
Which jacket should I wear?

669- Interessiert – *Interested*

Du bist nicht sehr an mir **interessiert**.
You're not very **interested** in me.

670- Deswegen – *Because of this*

Die Arbeit ist zu stressig und **deswegen** werde ich kündigen.
The work is too stressful and **because of this** I will resign.

671- Wovon – *What about*

Ich habe keine Ahnung, **wovon** du redest.
I have no idea **what** you are talking **about**.

672- Glaub – *Think (Imperative)*

Glaub nicht, dass du damit durchkommst!
Don't **think** you'll get away with this!

673- Der Boss – *The boss*

Der neue **Boss** ist freundlich.
The new **boss** is friendly.

674- Das Foto – *The photo*

Dieses **Foto** wurde in Portugal gemacht.
This **photo** was taken in Portugal.

675- Vorstellen – *To introduce*

Ich möchte dir gerne meine Eltern **vorstellen**.
I would like to **introduce** my parents to you.

676- Die Wahl – *The choice*

Möchtest du Vanille oder Schokolade? Du hast die **Wahl**!
Would you like vanilla or chocolate? It's your **choice**!

677- Die Untertitel – *The subtitles*

Ohne **Untertitel** kann ich den Film nicht verstehen.
I cannot understand the film without **subtitles**.

678- Total – *Totally*

Du bist ja **total** verrückt!
You are **totally** crazy!

679- Das Boot – *The boat*

Auf dem **Boot** waren 50 Menschen.
There were 50 people on the **boat**.

680- Schrecklich – *Terrible*

Es ist **schrecklich**, dass du so krank bist.
It's **terrible** that you're so ill.

681- Der General – *The general*

Der **General** gibt uns Befehle.
The **general** gives us orders.

682- Der Boden – *The ground*

Der **Boden** im Wald ist weich.
The **ground** in the forest is soft.

683- Komisch – *Funny*

Der Typ ist **komisch**.
This guy is **funny**.

684- Worden – *Been*

Sie ist gestern getauft **worden**.
She has **been** baptized yesterday.

685- Der Mund – *The mouth*

Sie kann den **Mund** einfach nicht halten.
She simply cannot keep her **mouth** shut.

686- Der Gedanke – *The thought*

Das ist ein angenehmer **Gedanke**.
That is a pleasant **thought**.

687- Die Kraft – *The force*

Kraft allein hilft uns hier nicht weiter.
Force alone won't get us anywhere here.

688- Herren – *Men's*

Diese Toiletten sind für **Herren**.
This is the **Men's** room.

689- Persönlich – *Personally*

Ich **persönlich** stimme dem nicht zu.
I **personally** don't agree with this.

690- Der Beweis – *The evidence*

Ohne einen **Beweis** können sie ihn nicht festnehmen.
Without **evidence** they cannot arrest him.

691- Genauso – *Just as*

Du bist **genauso** stur wie ich.
You're **just as** stubborn as I am.

692- Der Onkel – *The uncle*

Mein **Onkel** spricht Spanisch.
My **uncle** speaks Spanish.

693- Der Punkt – *The point*

Der **Punkt** ist, dass es nicht so weiter gehen kann.
The **point** is that it cannot go on like this.

694- Das Haar – *The hair*

Da ist ein **Haar** in meiner Suppe!
There's a **hair** in my soup!

695- Der Geist – *The spirit*

Sein **Geist** wird immer bei uns sein.
His **spirit** will always be with us.

696- Früher – *Earlier*

Wir müssen etwas **früher** gehen.
We have to leave a little **earlier**.

697- Sobald – *As soon as*

Sobald ich Zeit habe, rufe ich dich an.
As soon as I have time I will call you.

698- Der Liebling – *The favorit*

Er ist der **Liebling** seiner Eltern.
He is his parents' **favorit**.

699- Verkaufen – *To sell*

Er möchte seine Möbel **verkaufen**.
He would like to **sell** his furniture.

700- Zwar – *Indeed*

Du hast **zwar** recht, aber ich werde es trotzdem nicht kaufen.
You are right **indeed**, but I still won't buy it.

701- Angerufen – *Called*

Er hat heute schon zehnmal **angerufen**.
He has already **called** ten times today.

702- Gefragt – *In demand*

Dieses Videospiel ist sehr **gefragt**.
This video game is high **in demand**.

703- Kalt – *Cold*

In der Wohnung ist es ziemlich **kalt**.
It's pretty **cold** in the flat.

704- Die Ehre – *The honor*

Es ist mir eine **Ehre**, Sie kennenzulernen.
It is an **honor** to meet you.

705- Einig – *Agreed*

Wir sind uns **einig**, dass das Haus verkauft werden soll.
We **agreed** that the house should be sold.

706- Die Entscheidung – *The decision*

Das war keine leichte **Entscheidung**.
This wasn't an easy **decision**.

707- Antworten – *To answer*

Es fällt ihm schwer, auf die Fragen zu **antworten**.
He finds it difficult to **answer** the questions.

708- Der Raum – *The room*

Wir müssen diesen **Raum** besser nutzen.
We need to use this **room** better.

709- Der Sex – *The sex*

Sie hatte heute Morgen **Sex** mit ihrem Mann.
This morning she had **sex** with her husband.

710- Der Schmerz – *The pain*

Der **Schmerz** ist unerträglich.
The **pain** is unbearable.

711- Weniger – *Less*

Ich verdiene **weniger** als du.
I earn **less** than you.

712- Unglaublich – *Incredible*

Diese Geschichte ist **unglaublich**!
This story is **incredible**!

713- Das Krankenhaus – *The hospital*

Sie muss sofort ins **Krankenhaus**!
She has to go to the **hospital** immediately!

714- Das Ansehen – *The reputation*

Sie genießt ein hohes **Ansehen** in dieser Stadt.
She has a great **reputation** in this city.

715- Der Stolz – *The pride*

Zu viel **Stolz** ist nicht gut.
Too much **pride** isn't good.

716- Der Schlag – *The shock*

Es war ein schwerer **Schlag** für ihn, als er von ihrem Tod erfuhr.
It was a great **shock** to him when he heard about her death.

717- Leider – *Unfortunately*

Leider habe ich diese Woche keine Zeit.
Unfortunately, I don't have time this week.

718- Der Nächste – *The next*

Der **Nächste**, bitte!
Next, please!

719- Werde – *Will*

Ich **werde** morgen ausschlafen.
I **will** sleep in tomorrow.

720- Gefährlich – *Dangerous*

Es ist **gefährlich**, mit Feuer zu spielen.
It is **dangerous** to play with fire.

721- Die Wohnung – *The apartment*

Die **Wohnung** hat einen tollen Ausblick!
The **apartment** has a great view!

722- Vorsichtig – *Careful*

Bitte sei heute Abend **vorsichtig**.
Please be **careful** tonight.

723- Zahlen – *To pay*

Er möchte die Rechnung **zahlen**.
He would like to **pay** the bill.

724- Gesund– *Healthy*

Wer **gesund** ist, leidet nicht an irgendeiner Krankheit.
Someone who is **healthy** is not suffering from any illness.

725- Der Anruf – *The call*

Ich habe den **Anruf** verpasst.
I missed the **call**.

726- Der Besitz – *The possessions*

Er hat seinen gesamten Besitz verloren.
He lost all of his **possessions**.

727- Wunderbar – *Wonderful*

Dieser Kuchen schmeckt **wunderbar!**
This cake tastes **wonderful!**

728- Sorgen – *To take care of*

Wir werden für deine Kinder **sorgen**.
We will **take care of** your children.

729- Geschafft – *Managed*

Wir haben es **geschafft**, das Auto zu reparieren.
We **managed** to repair the car.

730- Die Acht – *The eight*

Die **Acht** ist meine Glückszahl.
Eight is my lucky number.

731- Die Tiefe – *The depth*

In der **Tiefe** des Meeres leben seltsame Tiere.
Strange animals live in the **depth** of the sea.

732- Offen – *Open-minded*

Es ist wichtig, **offen** zu sein.
It is important to be **open-minded**.

733- Der Laut – *The sound*

Er darf keinen **Laut** machen!
He is not allowed to make a **sound**!

734- Jemals – *Ever*

Warst du **jemals** in Ägypten?
Have you **ever** been to Egypt?

735- Das Pferd – *The horse*

Dein **Pferd** sieht sehr gesund aus.
Your **horse** looks very healthy.

736- Der Mist – *The manure*

Wir müssen den **Mist** rausbringen.
We have to take out the **manure**.

737- Kosten – *To cost*

Dieser Pullover kann nicht so viel **kosten**!
This pullover cannot **cost** this much!

738- Wem – *Whom*

Wem gehört das?
To **whom** does this belong?

739- Solange – *As long as*

Solange du glücklich bist, bin ich es auch.
As long as you are happy, I am, too!

740- Die Leiche – *The corpse*

Im See wurde eine **Leiche** gefunden.
A **corpse** was found in the lake.

741- Das Opfer – *The victim*

Das **Opfer** war 20 Jahre alt.
The **victim** was 20 years old.

742- Das Rot – *The red*

Das **Rot** passt gut zu deiner Kette.
The **red** goes well with your necklace.

743- Verletzt – *Upset*

Dein Kommentar hat mich wirklich **verletzt**.
Your comment really **upset** me.

744- Wow – *Wow*

Wow, du siehst fantastisch aus!
Wow, you look fantastic!

745- Das Flugzeug – *The aircraft*

Das **Flugzeug** wird in wenigen Minuten landen.
The **aircraft** will land in a few minutes.

746- Besonders – *Particularly*

Ich finde diesen Schal **besonders** schön.
I find this scarf **particularly** nice.

747- Gesprochen – *Spoken*

Ich habe mit deinem Vater **gesprochen**.
I have **spoken** to your father.

748- Heraus – *Out*

Du musst aus dem Haus **heraus**.
You have to get **out** of the house.

749- Die Information – *The information*

Woher hast du diese **Information**?
Where did you get this **information** from?

750- Tanzen – *To dance*

Am Samstag **tanzen** wir.
On Saturday we will **dance**.

751- Die Sicherheit – *The security*

Ihre **Sicherheit** ist unsere Priorität.
Your **security** is our priority.

752- Das Arschloch – *The asshole*

Ich mag ihn nicht, er ist ein echtes **Arschloch**.
I don't like him, he is a real **asshole**.

753- Das Ziel – *The target*

Er hat das **Ziel** nicht getroffen.
He didn't hit the **target**.

754- Der Idiot – *The idiot*

Michael kann manchmal ein **Idiot** sein.
Michael can sometimes be an **idiot**.

755- Tja – *Well*

Tja, mehr kann ich dazu nicht sagen.
Well, I cannot say any more to that.

756- Wenigstens – *At least*

Es ist kalt, aber **wenigstens** regnet es nicht.
It's cold but **at least** it doesn't rain.

757- Der Zug – *The train*

Dieser **Zug** hält hier nicht.
This **train** doesn't stop here.

758- Die Bewegung – *The movement*

Diese **Bewegung** tut weh.
This **movement** hurts.

759- In – *In*

Sie wohnt **in** einem Haus am See.
She lives **in** a house by the lake.

760- Bewegen – *To move*

Er kann seinen Arm nicht **bewegen**.
He cannot **move** his arm.

761- Betreten – *To enter*

Du darfst das Haus nicht **betreten**.
You are not allowed to **enter** the house.

762- Hinten – *Back*

Der Schuppen ist **hinten** im Garten.
The shed is in the **back** of the garden.

763- Damals – *At the time*

Damals hatte ich noch eine andere Ansicht.
At the time I had other views.

764- Die Antwort – *The reply*

Ich habe seine **Antwort** nicht verstanden.
I didn't understand his **reply**.

765- Erkennen – *To recognize*

Er kann seine Enkelkinder nicht mehr **erkennen**.
He cannot **recognize** his grandchildren any more.

766- Der Feind – *The enemy*

Wir werden den **Feind** besiegen!
We will defeat the **enemy**!

767- Schließen – *To shut down*

Den Laden musste man leider **schließen**.
Unfortunately, the shop had to be **shut down**.

768- Der Soldat – *The soldier*

Der **Soldat** rettete viele Personen.
The **soldier** rescued many people.

769- Absolut – *Absolutely*

Das Essen ist **absolut** köstlich.
The food is **absolutely** delicious.

770- Das Geheimnis – *The secret*

Sie hat ein großes **Geheimnis**.
She has a big **secret**.

771- Das Hotel – *The hotel*

Das **Hotel** war direkt am Meer.
The **hotel** was directly by the sea.

772- Süß – *Sweet*

Dieser Kuchen ist viel zu **süß**.
This cake is far too **sweet**.

773- Denke – *Think*

Ich **denke**, dass du jetzt gehen solltest.
I **think** that you should go now.

774- Die Meinung – *The opinion*

Ich schätze deine **Meinung** sehr.
I value your **opinion** a lot.

775- Gleichen – *To resemble*

Die beiden **gleichen** sich sehr.
They both **resemble** each other.

776- Steigen – *To rise*

Die Meeresspiegel **steigen** immer weiter an.
The sea levels constantly **rise** further.

777- Seltsam – *Strange*

Dieser Mann sieht **seltsam** aus.
This man looks **strange**.

778- Gestorben – *Died*

Gestern ist meine Tante **gestorben**.
My aunt **died** yesterday.

779- Fehlen – *To lack*

Uns **fehlt** das Verständnis für sie.
We **lack** understanding for her.

780- Der Tisch – *The table*

Dieser **Tisch** war sehr teuer.
This **table** was very expensive.

781- Zeig – *Show (Imperative)*

Zeig mir deine Hände!
Show me your hands!

782- Interessant – *Interesting*

Dieses Buch ist wirklich **interessant**.
This book is really **interesting**.

783- Umgebracht – *Killed*

Er hat schon mehrere Menschen **umgebracht**.
He has already **killed** several people.

784- Eher – *Rather*

Er würde **eher** zu Hause bleiben, als nach Hamburg zu fahren.
He would **rather** stay at home than go to Hamburg.

785- Erwartet – *Expected*

Er hat zu viel von ihr **erwartet**.
He **expected** too much of her.

786- Unmöglich – *Impossible*

Es ist **unmöglich**, alles bis morgen zu erledigen.
It is **impossible** to get everything done by tomorrow.

787- Die Tat – *The deed*

Sie bereut ihre **Tat**.
She regrets her **deed**.

788- Fürchten – *To fear*

Viele Kinder **fürchten** sich vor der Dunkelheit.
Many children **fear** the darkness.

789- Übernehmen – *To take over*

Du musst das Geschäft **übernehmen**.
You have to **take over** the business.

790- Stören – *To disturb*

Wir dürfen ihn nicht bei der Arbeit **stören**.
We are not allowed to **disturb** him at work.

791- Die Möglichkeit – *The possibility*

Du hast die **Möglichkeit**, im Ausland zu arbeiten.
You have the **possibility** to work abroad.

792- Außerdem – *In addition*

Das Essen war kalt und **außerdem** viel zu salzig.
The food was cold and **in addition** to that far too salty.

793- Die Tasche – *The pocket*

Diese Jacke hat keine **Tasche**.
This jacket does not have a **pocket**.

794- Das Fenster – *The window*

Wir sollten das **Fenster** aufmachen.
We should open the **window**.

795- Die Lage – *The location*

Die **Lage** des Hauses ist perfekt!
The **location** of the house is perfect!

796- Der Anfang – *The beginning*

Jeder neue **Anfang** ist schwer.
Every new **beginning** is difficult.

797- Länger – *Longer*

Deine Haare sind **länger** als meine.
Your hair is **longer** than mine.

798- Das Tier – *The animal*

Dort drüben ist ein **Tier**.
There is an **animal** over there.

799- Wen – *Who*

Wen nimmst du mit in die Oper?
Who do you take to the opera with you?

800- Die Reichen – *The rich*

Die **Reichen** müssen sich keine Sorgen über Geld machen.
The **rich** don't have to worry about money.

801- Still – *Still/Quiet*

Es ist so **still** im Haus.
It is so **quiet** in the house.

802- Plötzlich – *Suddenly*

Und **plötzlich** hat er zu schreien angefangen!
And **suddenly** he started screaming!

803- Der Schaden – *The damage*

Der **Schaden** ist zu groß – man kann es nicht mehr reparieren.
The **damage** is too great – it cannot be repaired anymore.

804- Die Seele – *The soul*

Jedes Lebewesen hat eine **Seele**.
Every living being has a **soul**.

805- Bekannt – *Known*

Er ist der Polizei bereits **bekannt**.
He is already **known** to the police.

806- Vorher – *Previously*

Ich hatte **vorher** schon einmal Probleme damit.
I **previously** already had problems with it.

807- Fort – *Away*

Am Morgen ging er **fort**.
He went **away** in the morning.

808- Schnellen – *Fast*

Er hat einen **schnellen** Wagen!
He has a **fast** car!

809- Der Anwalt – *The lawyer*

Ich möchte meinen **Anwalt** sprechen.
I would like to speak to my **lawyer**.

810- Der Mai – *May*

Jeden **Mai** machen wir eine Wanderung.
Every **May** we go on a hike.

811- Die Firma – *The company*

Die **Firma** macht viel Geld.
The **company** makes a lot of money.

812- Der Patient – *The patient*

Der **Patient** darf noch nicht nach Hause gehen.
The **patient** is not allowed to go home yet.

813- Zieh – *Pull (Imperative)*

Zieh an der Schnur!
Pull the cord!

814- Der Finger – *The finger*

Mein **Finger** ist geschwollen.
My **finger** is swollen.

815- Das Geschenk – *The gift*

Wir haben ihm ein **Geschenk** gekauft.
We bought him a **gift**.

816- Der Schluss – *The ending*

Der **Schluss** war ziemlich unerwartet.
The **ending** was pretty unexpected.

817- Sieben – *Seven*

Jeder kennt Schneewittchen und die **sieben** Zwerge.
Everyone knows Snow White and the **Seven** Dwarfs.

818- Wetten – *To bet*

Sollen wir **wetten**?
Do you want to **bet**?

819- Das Schwein – *The pig*

Das **Schwein** liegt in der Sonne.
The **pig** lies in the sun.

820- Das Bier – *The beer*

Dieses **Bier** schmeckt besonders gut.
This **beer** tastes particularly good.

821- Rüber – *Over*

Komm bitte **rüber**.
Please come **over**.

822- Bestehen – *To consist*

Diese Getränke **bestehen** zum Großteil aus Zucker und Wasser.
These drinks mainly **consist** of sugar and water.

823- Der Mörder – *The murderer*

Der **Mörder** kannte sein Opfer.
The **murderer** knew his victim.

824- Wunderschön – *Beautiful*

Die Aussicht von hier ist **wunderschön**.
The view from here is **beautiful**.

825- Aufs – *On the*

Bitte stell das Glas nicht **aufs** Sofa.
Please don't put the glass **on the** sofa.

826- Der Ärger – *The anger*

Sein **Ärger** verflog nach ein paar Minuten.
His **anger** dispersed after a few minutes.

827- Die Stimme – *The voice*

Ich kann eine **Stimme** hören.
I can hear a **voice**.

828- Verraten – *To reveal*

Sie möchte mir ihr Geheimnis nicht **verraten**.
She does not want to **reveal** her secret to me.

829- Die Beziehung – *The relationship*

Unsere **Beziehung** läuft momentan nicht so gut.
Our **relationship** isn't going so well at the moment.

830- Solche – *Such*

Solche Dinge sagt man nicht!
You shouldn't say **such** things!

831- Das Gesetz – *The law*

Man muss das **Gesetz** befolgen.
One has to follow the **law**.

832- Das Volk – *The people*

Das **Volk** hat dagegen gestimmt.
The **people** voted against it.

833- Solch – *Such*

Er ist **solch** ein guter Mann.
He is **such** a good man.

834- Der Polizist – *The policeman*

Der **Polizist** nahm die Frau fest.
The **policeman** arrested the woman.

835- Der Brief – *The letter*

Ich habe deinen **Brief** gelesen.
I read your **letter**.

836- Die Regierung – *The government*

Die **Regierung** wird nichts dagegen unternehmen.
The **government** won't do anything about it.

837- Das Dunkel – *The dark*

Das **Dunkel** macht mir Angst.
The **dark** scares me.

838- Verstecken – *To hide*

Du kannst dich nicht vor mir **verstecken**.
You cannot **hide** from me.

839- Geschickt – *Cleverly*

Das hat er **geschickt** geregelt!
He arranged that **cleverly**!

840- Die Bombe – *The bomb*

Im Gebäude befindet sich eine **Bombe**.
There is a **bomb** in the building.

841- Benutzt – *Used*

Er hat diesen Computer noch nie **benutzt**.
He has never **used** this computer.

842- Der Augenblick – *The moment*

Ich werde diesen **Augenblick** niemals vergessen.
I will never forget this **moment**.

843- Die Insel – *The island*

Auf dieser **Insel** gibt es keine Touristen.
There are no tourists on this **island**.

844- Der Lauf – *The run*

Der **Lauf** war unglaublich!
The **run** was incredible!

845- Herum – *Around*

Wir müssen um den See **herum** gehen.
We have to go **around** the lake.

846- Erhalten – *To obtain*

Er wird heute sein Visum **erhalten**.
He will **obtain** his visa today.

847- Die Stelle – *The location*

Diese **Stelle** ist perfekt zum Zelten.
This **location** is perfect for camping.

848- Die Klappe – *The flap*

Meine Katzen kommen durch diese **Klappe** ins Haus.
My cats enter the house through this **flap**.

849- Blöd – *Stupid*

Dieser Witz ist wirklich **blöd**.
This joke is really **stupid**.

850- Der Schlaf – *The sleep*

Er braucht mindestens acht Stunden **Schlaf**.
He needs at least eight hours of **sleep**.

851- Die Nähe – *The proximity*

Es ist in nächster **Nähe**.
It is in close **proximity**.

852- Riechen – *To smell*

Ich kann den Rauch **riechen**.
I can **smell** the smoke.

853- Sauber – *Clean*

Die Küche ist sehr **sauber**.
The kitchen is very **clean**.

854- Der Rum – *The rum*

Der **Rum** aus Jamaika ist lecker.
The **rum** from Jamaica is tasty.

855- Nötig – *Necessary*

Ist es wirklich **nötig**, dass du so schreist?
Is it really **necessary** for you to scream like that?

856- Entscheiden – *To decide*

Heute Abend müssen wir uns **entscheiden**.
This evening we will have to **decide**.

857- Die Szene – *The scene*

Die letzte **Szene** war spannend.
The last **scene** was exciting.

858- Bezahlt – *Paid*

Du hast den Kaffee schon **bezahlt**.
You already **paid** for the coffee.

859- Tatsächlich – *Indeed*

Du hast tatsächlich **recht**.
You are right **indeed**.

860- Schwören – *To swear*

Du musst **schwören**, dass du nichts sagst.
You have to **swear** that you won't say anything.

861- Regeln – *To regulate*

Diese Schalter werden den Strom **regeln**.
These switches will **regulate** the electricity.

862- Melden – *To report*

Wir müssen den Vorfall **melden**.
We have to **report** the incident.

863- Verdienen – *To earn*

Hier kann man viel Geld **verdienen**.
You can **earn** a lot of money here.

864- Zweite – *Second*

Die **zweite** Episode war besser.
The **second** episode was better.

865- Obwohl – *Even though*

Ich habe Hunger, **obwohl** ich vorhin gegessen habe.
I am hungry **even though** I ate earlier.

866- Der Planet – *The planet*

Unser **Planet** ist wunderschön.
Our **planet** is beautiful.

867- Der Partner – *The partner*

Ihr **Partner** ist unglaublich arrogant.
Her **partner** is incredibly arrogant.

868- Jedes – *Each*

Jedes Kind bekommt einen Sticker.
Each child gets a sticker.

869- Deutsch – *German*

Sie spricht kaum **Deutsch**.
She hardly speaks any **German**.

870- Als – *As*

Ich verkleide mich **als** Vampir.
I am dressing up **as** a vampire.

871- Das System – *The system*

Das **System** funktioniert problemlos.
The **system** works without any problems.

872- Die Richtung – *The direction*

Wir gehen in die falsche **Richtung**.
We are going in the wrong **direction**.

873- Erledigen – *To handle*

Ich werde das für dich **erledigen**.
I will **handle** that for you.

874- Der Rücken – *The back*

Sein **Rücken** tut ihm weh.
His **back** hurts.

875- Die Verbindung – *The connection*

Die **Verbindung** ist heute sehr schlecht.
Today **the connection** is really bad.

876- Das Rennen – *The race*

Sie wird das **Rennen** gewinnen!
She will win the **race**!

877- Erreichen – *To reach*

Bald werden wir das Ziel **erreichen**.
Soon we will **reach** the finish line.

878- Das Ei – *The egg*

Ich esse ein **Ei** zum Frühstück.
I am eating an **egg** for breakfast.

879- Die Bar – *The bar*

Die **Bar** ist heute geschlossen.
The **bar** is closed today.

880- Der Computer – *The computer*

Dieser **Computer** ist sehr schnell.
This **computer** is very fast.

881- Die Armee – *The army*

Er möchte der **Armee** beitreten.
He would like to join the **army**.

882- Schick – *chic*

Du siehst **schick** aus!
You look **chic**!

883- Traurig - *Sad*

Sie ist **traurig,** weil sie sich gestritten haben.
She is **sad** because they had an argument.

884- Die Rolle – *The role*

Deine **Rolle** ist es, die Gäste zu begrüßen.
Your **role** is to greet the guests.

885- Fahr – *Drive (Imperative)*

Fahr vorsichtig!
Drive safely!

886- Beruhigen – *To calm down*

Du musst dich etwas **beruhigen**.
You have to **calm down** a bit.

887- Der Preis – *The price*

Alles in dieser Welt hat einen **Preis**.
Everything in this world has a **price**.

888- Der Schritt – *The pace*

Er hat einen schnellen **Schritt**.
He has a quick **pace**.

889- Merken – *To notice*

Wir **merken** alle, dass hier etwas nicht stimmt.
We all **notice** that something isn't right here.

890- Besorgen – *To get*

Wir müssen etwas zu essen **besorgen**.
We have to **get** something to eat.

891- Gerettet – *Saved*

Alle Passagiere wurden **gerettet**.
All passengers were **saved**.

892- Weinen – *To cry*

Das Baby wird gleich **weinen**.
The baby will soon start to **cry**.

893- Der Wunsch – *The request*

Es war sein letzter **Wunsch**, hier begraben zu werden.
It was his last **request** to be buried here.

894- Verdient – *Deserves*

Sie **verdient** eine Gehaltserhöhung.
She **deserves** a pay rise.

895- Die Weisen – *The wise*

Die **Weisen** reden nicht viel, sondern hören lieber zu.
The **wise** don't talk much but instead prefer to listen.

896- Die Spur – *The track*

Auf dem Boden gibt es eine **Spur**.
There is a **track** on the ground.

897- Dagegen – *Against*

Ich habe nichts **dagegen**, dass du hierbleibst.
I have nothing **against** you staying here.

898- Der Bulle – *The bull*

Der **Bulle** hat zwei große Hörner.
The **bull** has two big horns.

899- Aufhalten – *To stop*

Wir müssen den Einbrecher **aufhalten**!
We have to **stop** the robber!

900- Die Gefahr – *The risk*

Das können wir nicht machen – die **Gefahr** ist einfach zu groß.
We cannot do that – the **risk** is simply too great.

901- Die Kamera – *The camera*

Diese **Kamera** macht unglaubliche Bilder!
This **camera** takes incredible pictures!

902- Der Unfall – *The accident*

Bei dem **Unfall** wurde niemand verletzt.
No one was hurt during the **accident**.

903- Derjenige – *The one*

Er ist **derjenige**, der sich immer beschwert.
He is **the one** who is always complaining.

904- Sowas – *Something*

Sowas könnte ich auch gut gebrauchen.
I could use **something** like that.

905- Enden – *To end up*

Wenn du so weitermachst, wirst du im Krankenhaus **enden**.
If you continue like this, you will **end up** in hospital.

906- Das Wunder – *The miracle*

Es ist ein **Wunder**, dass dir nichts passiert ist.
It is a **miracle** that nothing happened to you.

907- Atmen – *To breathe*

Menschen können unter Wasser nicht **atmen**.
People cannot **breathe** under water.

908- Amerika – *America*

Er wollte schon immer einmal **Amerika** besuchen.
He has always wanted to visit **America**.

909- Müde – *Tired*

Ihr seid **müde** und deshalb geht ihr ins Bett.
You are **tired** and that is why you are going to bed.

910- Falls – *In case*

Ruf mich an, **falls** du auch kommen möchtest.
Call me **in case** you also want to come.

911- Bauen – *To build*

Sie werden drei neue Gebäude in der Stadt **bauen**.
They will **build** three new buildings in the city.

912- Die Show – *The show*

Die **Show** hat mir nicht so gut gefallen.
I didn't like the **show** all that much.

913- Zusätzlich – *In addition*

Zusätzlich wird verwendet, um mehr Informationen über etwas zu geben.
In addition is used to give more information about something.

914- Ewig – *Forever*

Wir werden nicht **ewig** leben.
We won't live **forever**.

915- Erzähl – *Tell (Imperative)*

Erzähl mir eine Geschichte!
Tell me a story!

916- Unterwegs – *On the road*

Wir waren heute viele Stunden **unterwegs**.
We've been **on the road** for many hours today.

917- Selber – *Itself*

Es wird sich von **selber** regeln.
It will resolve **itself**.

918- Gelernt – *Learned*

Das haben wir nie in der Schule **gelernt**.
We never **learned** that at school.

919- Die Ehe – *The marriage*

Die **Ehe** ist nicht für jeden.

Marriage is not for everyone.

920- Die Kontrolle – *The control*

Der Fahrer hat die **Kontrolle** über das Fahrzeug verloren.
The driver lost **control** over the vehicle.

921- Voller – *Full of*

Die Badewanne ist **voller** Wasser.
The bath tub is **full of** water.

922- Ständig – *Constantly*

Er ist erkältet und muss **ständig** niesen.
He has a cold and **constantly** needs to sneeze.

923- Bedeuten – *To mean*

Ich weiß nicht, was dieses Symbol **bedeuten** soll.
I don't know what this symbol is supposed to **mean**.

924- Erschießen – *To shoot dead*

Der Polizist musste einen Mann **erschießen**.
The policeman had to **shoot** a man **dead**.

925- Der Test – *The test*

Ich glaube nicht, dass ich den **Test** bestanden habe.
I don't think I passed the **test**.

926- Geschrieben – *Written*

Wir haben gestern eine lange E-Mail **geschrieben**.
We have **written** a long email yesterday.

927- Wach – *Awake*

Ich bin schon seit 6:00 Uhr **wach**.
I've been **awake** since 6 o'clock.

928- Steh – *Stand (Imperative)*

Steh auf, wenn ich mit dir rede!
Stand up when I'm talking to you!

929- Wofür – *What for*

Er ist sich nicht sicher, **wofür** man diese Teile benutzen kann.
He isn't sure **what** these parts can be used **for**.

930- Der Bericht – *The report*

Sie hat den **Bericht** noch nicht gelesen.
She hasn't read the **report** yet.

931- Die Maschine – *The machine*

Wir haben nichts als Probleme mit dieser **Maschine**.
We have nothing but problems with this **machine**.

932- Beschützen – *To protect*

Wölfe **beschützen** ihre Jungen vor Feinden.
Wolves **protect** their young from enemies.

933- Bieten – *To offer*

Dieser Job kann mir kein angemessenes Gehalt **bieten**.
This job cannot **offer** me adequate payment.

934- Gebären – *To give birth*

Im Frühling **gebären** viele Tiere ihre Jungen.
In springtime many animals **give birth** to their young.

935- Der Kontakt – *The contact*

Wir haben den **Kontakt** über viele Jahre gehalten.
We have stayed in **contact** for many years.

936- Zurückkommen – *To come back*

Er möchte nicht nach Europa **zurückkommen**.
He doesn't want to **come back** to Europe.

937- Das Beispiel – *The example*

Ich werde dir ein **Beispiel** geben, damit du es besser verstehst.
I will give you an **example**, so you can understand it better.

938- Die Verzeihung – *The forgiveness*

Er hat mich um **Verzeihung** gebeten.
He asked for my **forgiveness**.

939- Verheiratet – *Married*

Er ist mit meiner Schwester **verheiratet**.
He is **married** to my sister.

940- Zu Hause – *At home*

Wenn wir **zu Hause** sind, mache ich uns einen Tee.
When we are **at home** I will make some tea for us.

941- Teilen – *To share*

Es ist wichtig, dass Kinder **lernen**, zu teilen.
It is important for children to learn how to **share**.

942- Geliebte – *Beloved (Feminine)*

Das hier ist unsere **geliebte** Katze Mimi.
This is our **beloved** cat Mimi.

943- Menschlich – *Human*

Die Gesichtszüge vieler Affen sind sehr **menschlich**.
The facial expressions of many monkeys are very **human**.

944- Die Droge – *The drug*

Wir wissen nicht, wo er die **Droge** gekauft hat.
We don't know where he bought the **drug**.

945- Die Hoffnung – *The hope*

Ohne **Hoffnung** wären wir alle verloren.
We would all be lost without **hope**.

946- Zerstören – *To destroy*

Wenn wir so weitermachen, werden wir unseren Planeten **zerstören**.
If we continue like this, we will **destroy** our planet.

947- Beweisen – *To prove*

Er muss **beweisen**, dass er die Arbeit erledigen kann.
He has to **prove** that he can do the work.

948- Links – *Left*

Du musst hier **links** abbiegen und dann sind wir da.
You have to turn **left** here and then we are there.

949- Die Dame – *The lady*

Ich glaube, dass ich diese **Dame** schon einmal gesehen habe.
I think I have seen this **lady** before.

950- Wozu – *What for*

Wozu ist die ganze Arbeit gut?
What is all this work good **for**?

951- Der Wein – *The wine*

Der **Wein** schmeckt wirklich ausgezeichnet.
The **wine** tastes really excellent.

952- Das Herz – *The heart*

Sie ist kalt und hat ein **Herz** aus Stein.
She is cold and has a **heart** made of stone.

953- Der Meister – *The master*

Der **Meister** hat gesagt, dass wir mehr lernen müssen.
The **master** said that we have to study more.

954- Das Ohr – *The ear*

Sein **Ohr** ist ganz rot vor lauter Kälte.
His **ear** is all red because of the cold.

955- Bestimmen – *To determine*

Heute Mittag werden wir einen neuen Anführer **bestimmen**.
This afternoon we will **determine** a new leader.

956- Die Sonne – *The sun*

Ich kann nicht so lange in der **Sonne** bleiben.
I cannot stay in the **sun** for too long.

957- Der Deutsche – *The German*

Der **Deutsche** hat heute bei uns in der Firma angefangen.
The **German** started working in our company today.

958- Derselbe – *The same*

Das ist **derselbe** Mann, der mein Auto gestohlen hat!
That is the **same** guy that stole my car!

959- Gewonnen – *Won*

Herzlichen Glückwunsch, Sie haben eine Reise nach Australien **gewonnen**!
Congratulations, you have **won** a trip to Australia!

960- Springen – *To jump*

Du musst über das Seil **springen**.
You have to **jump** over the rope.

961- Sowieso – *Anyway*

Ich wollte **sowieso** nicht ins Kino gehen, weil ich krank bin.
I didn't want to go to the cinema **anyway** because I am ill.

962- Der Chef – *The Boss*

Der **Chef** hat gesagt, dass wir eine Pause machen können.
The **Boss** said that we can take a break.

963- Gefangen – *Captured*

Gestern haben wir einen Vogel **gefangen**.
Yesterday we **captured** a bird.

964- Schützen – *To protect*

Du solltest Sonnencreme benutzen, um dich vor der Sonne zu **schützen**.
You should wear sunscreen in order to **protect** yourself from the sun.

965- Der Staat – *The nation*

Die Wirtschaft **eines Staates** hängt von seinen Importen und Exporten ab.
A nation's economy depends on its imports and exports.

966- Der Schuss – *The shot*

Er hat in seiner Nachbarschaft einen **Schuss** gehört.
He heard a **shot** in his neighbourhood.

967- Das Gebäude – *The building*

Das neue **Gebäude** hat 25 Stockwerke.
The new **building** has 25 floors.

968- Gestohlen – *Stolen*

Vor ein paar Tagen wurde sein Motorrad **gestohlen**.
A few days ago, his motorbike was **stolen**.

969- Dahin – *Then*

Ich komme morgen wieder – und bis **dahin** solltest du dich ausruhen.
I will come back tomorrow – and until **then** you should rest.

970- Schlimmer – *Worse*

Meine Erkältung wird jeden Tag **schlimmer**.
My cold is getting **worse** every day.

971- Spüren – *To feel*

Kannst du **spüren**, wie sich der Boden bewegt?
Can you **feel** the ground moving?

972- Die Nase – *The nose*

Meine **Nase** ist eiskalt!
My **nose** is ice cold!

973- Der Rat – *The advice*

Ich möchte dich gerne um **Rat** bitten.
I would like to ask you for **advice**.

974- Die Liste – *The list*

Wir sollten eine **Liste** machen, damit wir nichts vergessen.
We should make a **list**, so we won't forget anything.

975- Der Frieden – *The peace*

In vielen Ländern herrscht momentan kein **Frieden**.
There are many countries in which there is no **peace** at the moment.

976- Gelesen – *Read*

Diese Zeitschrift habe ich noch nie **gelesen**.
I have never **read** this magazine.

977- Die Weile – *The while*

Wir werden noch eine ganze **Weile** hier sein.
We will be here for quite a **while**.

978- Leiden – *To suffer*

Viele Menschen und Tiere **leiden** unter der Hitze.
Many people and animals **suffer** because of the heat.

979- Darin – *Therein*

Du bist faul – und **darin** liegt das Problem.
You are lazy – and **therein** lies the proble.

980- Es gibt – *There is/There are*

Es gibt viele Läden in unserer Stadt.
There are many shops in our city.

981- Gemeinsam – *Together*

Wenn wir **gemeinsam** arbeiten, können wir es schaffen.
We can do it if we work **together**.

982- Die Erinnerung – *The memory*

Ich habe eine schöne **Erinnerung** an diesen Ort.
I have a great **memory** of this place.

983- Wollten - wanted

Sie **wollten** schon immer einmal nach Paris reisen.
They have always **wanted** to travel to Paris.

984- Leg – *Put (Imperative)*

Leg das Buch auf den Tisch!
Put the book on the table!

985- Der Geburtstag – *The birthday*

An meinem **Geburtstag** machen wir eine Party.
We will have a party on my **birthday**.

986- Gib – *Give (Imperative)*

Gib mir den Schlüssel!
Give me the key!

987- Jedenfalls – *In any case*

Jedenfalls denke ich, dass das die beste Lösung ist.
I think that this is the best solution **in any case**.

988- Die Damen – *The women*

Die Toilette für **Damen** ist dort drüben.
The **women's** restrooms are over there.

989- Der Stein – *The stone*

Dieser **Stein** hat eine seltsame Farbe.
This **stone** has a strange color.

990- Die Suche – *The search*

Die **Suche** nach dem Schatz geht weiter.
The **search** for the treasure continues.

991- Neben – *Next to*

Die Kirche ist **neben** der Bäckerei.
The church is **next to** the bakery.

992- Überleben – *To survive*

Es ist schwierig, hier im Winter zu **überleben**.
It is difficult to **survive** here in winter.

993- Der Fisch – *The fish*

Dort drüben schwimmt ein **Fisch**.
There is a **fish** swimming over there.

994- Muss – *Must*

Er **muss** sofort nach Hause gehen.
He **must** go home right now.

995- Fürs – *For*

Ich danke dir **fürs** Helfen.
I thank you **for** helping.

996- Tollen – *Great*

Wo hast du diesen **tollen** Pullover gekauft?
Where did you buy this **great** pullover?

997- Die Vorsicht – *The caution*

Hier muss man mit **Vorsicht** voranschreiten.
You have to proceed with **caution** here.

998- Gearbeitet – *Worked*

Sie hat noch nie in einem Supermarkt **gearbeitet**.
She has never **worked** in a supermarket.

999- Der Bescheid – *The notice*

Wir haben **Bescheid** bekommen, dass wir abreisen können.
We have received **notice** that we can depart.

1000- Der Fang – *The catch*

Diesen **Fang** will ich meinem Großvater zeigen!
I want to show this **catch** to my grandfather!

1001- Näher – *Closer*

Wenn du **näher** an das Bild herangehst, kannst du die Farben besser sehen.
If you get **closer** to the picture you can see the colors better.

1002- Gehabt – *Had*

Er hat noch noch einen Streit mit seiner Freundin **gehabt**.
He has ever **had** an argument with his girlfiriend.

1003- Der Baum – *The tree*

Der **Baum** ist über 100 Jahre alt und darf nicht gefällt werden.
The **tree** is over 100 years old and it is not allowed to cut it down.

1004- Die Folge – *The result*

Die **Folge** seines schlechten Verhaltens ist eine Strafe.
The **result** of his bad behavior is a punishment.

1005- Vorbereiten – *To prepare*

Wir müssen für die Zeremonie morgen noch viel **vorbereiten**!
We still have to **prepare** a lot for the ceremony tomorrow!

1006- Weitere – *More*

Im Keller haben wir noch **weitere** Flaschen Wein.
We have **more** bottles of wine in the cellar.

1007- Der Ring – *The ring*

Dieser **Ring** ist schon seit Generationen in meiner Familie.
This **ring** has been in my family for generations.

1008- Schwierig – *Difficult*

Er findet es **schwierig,** neue Sprachen zu lernen.
He finds it **difficult** to learn new languages.

1009- Das Gehirn – *The brain*

Der Chirurg operierte viele Stunden an seinem **Gehirn.**
The surgeon operated many hours on his **brain.**

1010- Der Stellplatz – *The parking space*

Sie können Ihr Auto auf diesem **Stellplatz** lassen.
You can leave your car in this **parking space.**

1011- Kaputt – *Broken*

Das Radio funktioniert nicht, weil die Antenne **kaputt** ist.
The radio doesn't work because the antenna is **broken.**

1012- Irgendetwas – *Something*

Ich würde gerne **irgendetwas** Süßes essen.
I would like to eat **something** sweet.

1013- Das Heim – *The home*

Da er keine Eltern hatte, ist er in einem **Heim** aufgewachsen.
As he did not have any parents he grew up in a **home.**

1014- Sünden– *Sins*

Jesus hat unsere **Sünden** auf sich genommen.
Jesus took our **sins** away from us.

1015- Der Vogel – *The bird*

Jeden Morgen sehe ich den gleichen **Vogel** auf diesem Baum.
Every morning I see the same **bird** on this tree.

1016- Ha – *Ha*

Ha! Ich glaube dir deine Lügen nicht!
Ha! I don't believe your lies!

1017- Bisher – *So far*

Bisher haben sich unsere Hunde noch nie gestritten.
So far, our dogs never had a fight with each other.

1018- Die Band – *The band*

Die **Band** wird heute Abend im Park auftreten.
The **band** will play tonight in the park.

1019- Das Loch – *The hole*

Du solltest aufpassen, dass du nicht in dieses **Loch** fällst!
You should be careful not to fall into this **hole**!

1020- Verzeihen – *To forgive*

Ich kann ihm nicht **verzeihen**, wie er mich behandelt hat.
I canot **forgive** him how he treated me.

1021- Treiben – *To drive*

Du wirst mich mit deinen dummen Kommentaren in den Wahnsinn
treiben!
You are going to **drive** me insane with your stupid comments!

1022- Die Bank – *The bank*

Die **Bank** hat heute Nachmittag geschlossen.
The **bank** is closed this afternoon.

1023- Handeln – *To act*

Wir haben keine Zeit mehr und müssen sofort **handeln.**
We don't have any more time and must **act** immediately.

1024- Wirken – *To work*

Mir geht es besser – die Tabletten **wirken**!
I am feeling better – the pills **work**!

1025- Spielen - playing

Robin und sein Bruder **spielen** oft draußen im Garten.
Robin and his brother are often **playing** outside in the garden.

1026- Die Situation – *The situation*

Wenn sich die **Situation** nicht verbessert, müssen wir eingreifen.
If the **situation** doesn't improve, we will have to step in.

1027- Der Drink – *The drink*

Soll ich dir noch einen **Drink** an der Bar holen?
Shall I get you another **drink** from the bar?

1028- Das Schicksal – *The fate*

Manche Menschen glauben an das **Schicksal.**
Some people believe in **fate.**

1029- Ans – *To the*

Er trägt viele Kisten **ans** Auto.
He is carrying many boxes **to the** car.

1030- Die Gruppe – *The group*

Es gefällt mir nicht, vor einer **Gruppe** zu sprechen.
I don't like talking in front of a **group**.

1031- Mitnehmen – *To take*

Wie können dich bis zum Bahnhof **mitnehmen**.
We can **take** you with us to the train station.

1032- Gekauft – *Bought*

Letzte Woche habe ich mir einen neuen Kühlschrank **gekauft**.
Last week I **bought** a new fridge.

1033- Der Stern – *The star*

Dieser **Stern** hier leuchtet heller als die anderen.
This **star** here shines brighter than the others.

1034- Schulden – *To owe*

Sie **schulden** ihm mehr als 1000 Euro.
They **owe** him more than 1000 Euros.

1035- Das Fernsehen – *The TV*

Heute Abend kommt nichts im **Fernsehen**, das mich interessiert.
This evening there is nothing on **TV** that interests me.

1036- Vergeben – *To forgive*

Es ist oft schwierig, Menschen ihr Handeln zu **vergeben**.
It is often difficult to **forgive** people their actions.

1037- Das Regal – *The shelf*

Auf dem **Regal** stehen Bücher und Magazine.
There are books and magazines on the **shelf**.

1038- Sauer – *Sour*

Der Apfel ist so **sauer**, dass ich ihn nicht essen kann.
The apple is so **sour** that I cannot eat it.

1039- Die Position – *The position*

Wenn alle in der richtigen **Position** stehen, können wir anfangen.
We can start once everyone is in the right **position**.

1040- Jeden - every

Mein Bruder Max spielt **jeden** Samstag Fußball.
My brother Max plays soccer **every** Saturday.

1041- Zumindest – *At least*

Es ist sehr kalt, aber **zumindest** haben wir ein Feuer.
It is very cold but **at least** we have a fire.

1042- Schneller – *Faster*

Wenn wir den Zug noch erreichen wollen, müssen wir **schneller** rennen!
If we want to catch the train, we will have to run **faster**!

1043- Offensichtlich – *Obviously*

Offensichtlich hast du dich überhaupt nicht verändert.
Obviously, you haven't changed one little bit.

1044- Vermissen – *To miss*

Ich werde dich und deine Familie sehr **vermissen**.
I will **miss** you and your family a lot.

1045- Das Gericht – *The court*

Das **Gericht** hat entschieden, dass er für drei Jahre ins Gefängnis muss.
The **court** has decided that he has to go to prison for three years.

1046- Die Zeitung – *The newspaper*

Er hat heute Morgen die **Zeitung** gelesen.
This morning he read the **newspaper**.

1047- Übrig – *Left over*

Nach der Party war noch sehr viel Essen **übrig**.
After the party there was a lot of food **left over**.

1048- Die Kugel – *The ball*

Die **Kugel** landet entweder auf Rot oder Schwarz.
The **ball** will either land on red or black.

1049- Wütend – *Angry*

Es macht mich **wütend**, wenn du dich so benimmst.
It makes me **angry** when you are behaving like this.

1050- Die Reise – *The journey*

Morgen beginnen sie ihre **Reise** nach Afrika.
Tomorrow they will start their **journey** to Africa.

1051- Sicher – *Certainly*

Könnten Sie mir bitte noch einen Tee bringen? -**Sicher**, einen Moment, bitte!
Could you please bring me another tea? -**Certainly**, one moment, please!

1052- Euer – *Your*

Euer Hund hat die ganze Nacht gebellt.
Your dog barked the entire night.

1053- Die Hochzeit – *The wedding*

Die **Hochzeit** war unglaublich schön.
The **wedding** was incredibly nice.

1054- Entfernt – *Away*

Meine Eltern wohnen sehr weit von hier **entfernt**.
My parents live very far **away** from here.

1055- Das Übel – *The evil*

Es gibt viel zu viel **Übel** in der Welt.
There is far too much **evil** in the world.

1056- Der Blick – *The view*

Der **Blick** aus diesem Zimmer ist fantastisch!
The **view** from this room is fantastic!

1057- Der Gast – *The guest*

Kannst du unserem **Gast** bitte das Zimmer zeigen?
Can you please show the room to our **guest**?

1058- Erwischt – *Caught*

Sie haben den Täter nun endlich **erwischt**.
They have finally **caught** the perpetrator.

1059- Entweder oder – *Either or*

Entweder sagst du mir, was los ist, **oder** ich gehe nach Hause.
You're **either** going to tell me what's up **or** I'm going home.

1060- Nah – *Close*

Wenn du dem Reh zu **nah** kommst, wird es wegrennen.
If you get too **close** to the deer it will run away.

1061- Das Zeichen – *The sign*

Wenn er das **Zeichen** gibt, greifen wir an.
When he gives the **sign**, we will attack.

1062- Tschüss – *Bye bye*

Es war sehr schön, dich wieder zu sehen. **Tschüss!**
It was lovely seeing you again. **Bye bye!**

1063- Weder noch – *Neither nor*

Ich kann ihn **weder** sehen **noch** hören.
I can **neither** see **nor** hear him.

1064- Stehlen – *To steal*

Der Junge kann nicht aufhören, Sachen zu **stehlen**.
The boy cannot stop **stealing** things.

1065- Sehe – *See*

Ich **sehe** dich dann am Wochenende wieder.
I will **see** you again on the weekend.

1066- Das Tor – *The gate*

Wieso ist das **Tor** zum Garten offen?
Why is the **gate** to the garden open?

1067- Der Nutzen – *The use*

Der **Nutzen** dieser Maschine ist mir unbekannt.
The **use** of this machine is unknown to me.

1068- Besuchen – *To visit*

In zwei Tagen werden wir meine Großmutter **besuchen**.
In two days time we will **visit** my grandmother.

1069- Geredet – *Spoken*

Er hat schon lange nicht mehr mit seiner Mutter **geredet**.
He hasn't **spoken** to his mother in a long time.

1070- Zerstört – *Destroyed*

Nach dem Sturm waren viele Häuser **zerstört**.
Many houses were **destroyed** after the storm.

1071- Die Gesellschaft – *The society*

In unserer **Gesellschaft** werden nicht alle gleich behandelt.
Not everyone is treated equally in our **society**.

1072- Die Sprache – *The language*

Ich würde gerne eine neue **Sprache** lernen.
I would like to learn a new **language**.

1073- Alles – *Everything*

Er wird ihr morgen Abend **alles** genau erklären.
He will explain **everything** to her tomorrow evening.

1074- Der Ball – *The ball*

Ohne einen **Ball** können wir kein Tennis spielen.
We cannot play tennis without a **ball**.

1075- Die Majestät – *The majesty*

Wenn seine **Majestät** kommt, musst du dich verbeugen.
When his **majesty** comes you have to bow.

1076- Der Professor – *The professor*

Unser **Professor** gibt wirklich interessante Vorlesungen.
Our **professor** gives very interesting lectures.

1077- Schuldig – *Guilty*

Sie fühlt sich **schuldig**, obwohl sie nichts gemacht hat.
She feels **guilty** even though she hasn't done anything.

1078- Nachdenken – *To think*

Ich muss darüber **nachdenken**, wie wir das Problem lösen können.
I need to **think** about how we can solve this problem.

1079- Furchtbar – *Terribly*

Es tut mir **furchtbar** leid, dass ich zu spät gekommen bin.
I am **terribly** sorry that I arrived late.

1080- Die Überraschung – *The surprise*

Die Party war eine wirklich gelungene **Überraschung**.
The party was a really successful **surprise**.

1081- Aufpassen – *To watch*

Kannst du heute Abend bitte auf Michael **aufpassen**?
Can you please **watch** Michael tonight?

1082- Amerikanisch – *American*

Diese Produkte scheinen **amerikanisch** zu sein.
These products seem to be **American**.

1083- Der Besuch – *The visit*

Wir sollten unserer Tante einen **Besuch** abstatten.
We should go and pay a **visit** to our aunt.

1084- Die Aufgabe – *The task*

Die **Aufgabe** war so schwierig, dass ich sie nicht lösen konnte.
The **task** was so difficult that I couldn't solve it.

1085- Versprochen – *Promised*

Du hast mir **versprochen**, dass du nicht mehr rauchen wirst.
You **promised** me that you won't smoke anymore.

1086- Verkauft – *Sold*

Letzte Woche haben wir alle Bilder **verkauft**.
Last week we **sold** all paintings.

1087- Hinterlassen – *To leave*

Ich werde euch mein Haus und mein Geld **hinterlassen**, wenn ich sterbe.
When I die, I will **leave** you my house and my money.

1088- Verbringen – *To spend (time)*

Wir sollten versuchen, mehr Zeit miteinander zu **verbringen**.
We should try to **spend** more time together.

1089- Unbedingt – *Absolutely*

Wir müssen das **unbedingt** noch einmal besprechen.
We **absolutely** have to talk about this again.

1090- Reisen – *To travel*

Es gibt nichts Schöneres, als zu **reisen**.
There is nothing better than to **travel**.

1091- Die Freiheit – *The freedom*

Die Tiere genießen ihre **Freiheit**.
The animals are enjoying their **freedom**.

1092- Das Mark – *The marrow*

Wenn du den Knochen öffnest, kannst du das **Mark** sehen.
When you open the bone, you can see the **marrow**.

1093- Das Gold – *The gold*

Gold war schon immer ein begehrtes Metall.
Gold has always been a desirable metal.

1094- Erledigt – *Done*

Wir haben alle unsere Aufgaben **erledigt**.
We have **done** all our exercises.

1095- Die Herren – *The Sirs*

Diese **Herren** habe ich noch nie hier gesehen.
I have never seen these **Sirs** here before.

1096- Irgendwann – *Sometime*

Wir sollten **irgendwann** einmal zusammen Abendessen gehen.
We should go out for dinner together **sometime**.

1097- Die Vergangenheit – *The past*

Man kann die **Vergangenheit** nicht ändern.
One cannot change the **past**.

1098- Wohnt - lives

Mein Cousin Daniel **wohnt** in Astralien.
My cousin Daniel **lives** in Australia.

1099- Der Meter – *The meter*

Der Baum ist einen **Meter** hoch.
The tree is one **meter** tall.

1100- Gegenüber – *Opposite*

Die Bank ist **gegenüber** der Kirche.
The bank is **opposite** the church.

1101- Jagen – *To hunt*

Ich denke nicht, dass man Tiere zum Spaß **jagen** sollte.
I don't think you should **hunt** animals just for fun.

1102- Das Glas – *The glass*

Ich habe das **Glas** auf das Regal gestellt.
I put the **glass** on the shelf.

1103- Die Wand – *The wall*

An der **Wand** im Wohnzimmer hängen viele Gemälde.
There are many paintings on the **wall** in the living room.

1104- Gesucht – *Wanted*

In der Stadt wird ein neuer Polizist **gesucht** – du solltest dich
bewerben.
A new policeman is **wanted** in the city – you should apply.

1105- Verändert – *Changed*

Seit er mit Laura zusammen ist, hat er sich total **verändert**.
He has completely **changed** since getting together with Laura.

1106- Verantwortlich – *Responsible*

Du bist für die Kinder **verantwortlich** und hättest besser aufpassen
sollen!
You are **responsible** for the children and should have paid more
attention!

1107- Der Dom – *The dome*

Heute Nachmittag werden wir den **Dom** besichtigen.
This afternoon we will visit the **dome**.

1108- Drinnen – *Inside*

Die Kinder spielen **drinnen**, weil es regnet.
The children are playing **inside** because it is raining.

1109- Funktionieren – *To work/To function*

Kannst du mir erklären, wie diese Maschinen **funktionieren**?
Can you explain to me how these machines **work**?

1110- Pro – *Per*

Es gibt nur eine Flasche Wasser **pro** Person.
There is only one bottle of water **per** person.

1111- Diesmal – *This time*

Diesmal werden wir alles ganz anders machen.
This time we will do everything completely differently.

1112- Witzig – *Funny*

Es ist **witzig**, wenn unsere Katze und unser Hund zusammen spielen.
It is **funny** when our cat and our dog are playing together.

1113- Ungefähr – *About*

Heute Abend sind **ungefähr** 200 Leute zum Konzert gekommen.
This evening **about** 200 people came to the concert.

1114- Der Hut – *The hat*

Dieser **Hut** steht dir wirklich gut!
This **hat** suits you really well!

1115- Hoffentlich – *Hopefully*

Hoffentlich verpassen wir unseren Flug nach England nicht!
Hopefully we won't miss our flight to England!

1116- Englisch – *English*

Sein **Englisch** hat sich sehr verbessert.
His **English** has improved a lot.

1117- Rauchen – *To smoke*

Du solltest nicht **rauchen**, da es wirklich ungesund ist.
You should not **smoke** as it is really unhealthy.

1118- Die Operation – *The operation*

Wir sind uns nicht sicher, ob er die **Operation** überleben wird.
We are not sure if he will survive the **operation**.

1119- Verliebt – *In love*

Michael und Anna sind sehr **verliebt**.
Michael and Anna are very much **in love**.

1120- Soweit – *As far as*

Soweit ich weiß, gibt es heute keine Besprechungen mehr.
As far as I know there are no more meetings today.

1121- Die Rede – *The speech*

Seine **Rede** hat uns alle sehr inspiriert.
His **speech** was very inspiring.

1122- Beschäftigt – *Busy*

Ich kann heute nicht ausgehen, da ich **beschäftigt** bin.
I can't go out tonight as I am **busy**.

1123- Bekannter - famous

Richard Wagner ist ein **bekanter** deutscher Komponist.
Richard Wagner is a **famous** German composer.

1124- Der Wald – *The forest*

Dieses Wochenende werden wir im **Wald** zelten gehen.
This weekend we will go camping in the **forest**.

1125- Nervös – *Nervous*

Ich werde immer **nervös**, wenn ich vor einer Gruppe von Menschen reden muss.
I always get **nervous** when I have to talk in front of a group of people.

1126- Verschwunden – *Disappeared*

Das Mädchen ist gestern spurlos **verschwunden**.
Yesterday the girl **disappeared** without a trace.

1127- Genießen – *To enjoy*

Wir **genießen** diese Kreuzfahrt voll und ganz.
We **enjoy** this cruise to the fullest.

1128- Geheim – *Secret*

Diese Informationen sind streng **geheim**.
This information is top **secret**.

1129- Die Hütte– *The cottage*

Mein Großvater hat eine kleine **Hütte** im Norden.
My grandfather has a small **cottage** in the north.

1130- Gelassen – *Calm*

Es ist schön, dich so **gelassen** zu sehen.
It is nice seeing you so **calm**.

1131- Verlangen – *To require*

Das kannst du nicht von mir **verlangen**.
You cannot **require** me to do this.

1132- Lächeln – *To smile*

Ich muss immer **lächeln**, wenn ich meinen Neffen sehe.
I always have to **smile** when I see my nephew.

1133- Versteckt – *Hidden*

Kannst du mir sagen, wo du die Schokolade **versteckt** hast?
Can you tell me where you've **hidden** the chocolate?

1134- Der Hunger – *The hunger*

Hunger ist kein gutes Gefühl.
Hunger is not a nice feeling.

1135- Leisten – *To afford*

Er kann sich momentan kein neues Auto **leisten**.
He cannot **afford** a new car at the moment.

1136- Die Kirche – *The church*

Meine Eltern gehen jeden Sonntag in die **Kirche**.
My parents go to **church** every Sunday.

1137- Beten – *To pray*

Wir werden **beten**, dass alles gut geht.
We will **pray** that everything will go well.

1138- Genannt – *Called*

Sie haben ihn immer bei seinem Spitznamen **genannt**.
They always **called** him by his nickname.

1139- Überprüfen – *To check*

Kannst du bitte **überprüfen**, ob diese Daten stimmen?
Can you please **check** if these dates are correct?

1140- Brennen – *To burn*

Dieses Holz wird gut **brennen**, weil es so trocken ist.
This wood will **burn** well because it is so dry.

1141- Angefangen – *Started*

Der Film hat vor 20 Minuten **angefangen**.
The film **started** 20 minutes ago.

1142- Der Hals – *The neck*

Mein **Hals** tut weh und ich kann ihn kaum bewegen.
My **neck** hurts and I can barely move it.

1143- Das Blau – *The blue*

Die Kette passt gut zum **Blau** deiner Augen.
The necklace goes well with the **blue** in your eyes.

1144- Küssen – *To kiss*

Ich würde ihn gerne **küssen**, aber ich bin zu schüchtern.
I would like to **kiss** him, but I am too shy.

1145- Das Messer – *The knife*

Sei vorsichtig mit dem **Messer**, es ist sehr scharf.
Be careful with the **knife**, it is very sharp.

1146- Feiern – *To celebrate*

Am Wochenende werden wir deinen Geburtstag **feiern**!
On the weekend we will **celebrate** your birthday!

1147- Wählen – *To choose*

Ich weiß nicht, welches Getränk ich **wählen** soll!
I don't know which drink to **choose**!

1148- Diese Frau – *The woman*

Diese **Frau** macht mich noch wahnsinnig!
This **woman** is going to drive me insane!

1149- Befinden – *To be*

Die beiden Kinder werden sich in Sicherheit **befinden**.
Both children will **be** in safety.

1150- Die Tante – *The aunt*

Ich habe meine **Tante** schon lange nicht mehr gesehen.
I haven't seen my **aunt** in a long time.

1151- Die Schlampe – *The bitch*

Ich will diese **Schlampe** nie wiedersehen!
I never want to see that **bitch** again!

1152- Das Gespräch – *The conversation*

Das **Gespräch** mit dir hat mir sehr gut gefallen.
I really liked the **conversation** with you.

1153- Sei vorsichtig– *To be careful*

Sei vorsichtig! Dieses Gelände darf man nicht betreten!
Be careful! You are not permitted to enter this area!

1154- Gesund – *Healthy*

Um **gesund** zu bleiben, sollte man Sport machen.
In order to stay **healthy**, one should exercise.

1155- Geschlafen – *Slept*

Ich habe letzte Nach überhaupt nicht **geschlafen**.
I haven't **slept** at all last night.

1156- ein anderer – Someone *else*

Kann bitte **ein anderer** diese Arbeit machen?
Can **someone else** please do this work?

1157- Besorgt – *Concerned*

Wir sind wegen seines Verhaltens sehr **besorgt**.
We are very **concerned** about his behavior.

1158- Gebrochen – *Broken*

Er hat sich beim Klettern einen Finger **gebrochen**.
He **broke** a finger while climbing.

1159- Annehmen – *To accept*

Ich kann dieses teure Geschenk nicht **annehmen**!
I canot **accept** this expensive gift!

1160- Die Adresse – *The address*

Wir sind umgezogen und haben jetzt eine neue **Adresse**.
We moved and now have a new **address**.

1161- Frag – *Ask (Imperative)*

Frag mich nicht!
Don't **ask** me!

1162- Gucken – *To watch*

Willst du einen Film mit mir **gucken**?
Do you want to **watch** a film with me?

1163- Beenden – *To break up*

Er möchte seine Beziehung mit Susanne **beenden**.
He wants to **break up** his relationship with Susanne.

1164- Greifen – *To grab*

Er kann den Teller nicht **greifen**, weil er zu hoch oben ist.
He cannot **grab** the plate because it is up too high.

1165- Irgendwelche – *Any*

Hast du **irgendwelche** Vorschläge, wie man das System verbessern könnte?
Do you have **any** suggestions how we could improve the system?

1166- Dick – *Fat*

Er ist in letzter Zeit ziemlich **dick** geworden.
He has gotten pretty **fat** recently.

1167- Die Mission – *The mission*

Unsere **Mission** ist es, allen Kindern zu helfen.
Our **mission** is to help all children.

1168- Das Vergnügen – *The pleasure*

Es ist mir ein **Vergnügen**, Sie kennenzulernen.
It is a **pleasure** to meet you.

1169- Das Meer – *The sea*

Meine Eltern haben ein Haus am **Meer**.
My parents have a house by the **sea**.

1170- Letzter – *Last*

Das hast du noch in **letzter** Sekunde gemacht!
You did that in the **last** second!

1171- Das Maul – *The mouth*

Der Hund hat einen Stock im **Maul**.
The dog has a stick in its **mouth**.

1172- Das Lied – *The song*

Sie spielen immer das gleiche **Lied** im Radio.
They always play the same **song** on the radio.

1173- Herausfinden – *To find out*

Ich muss **herausfinden**, wo Sebastian wohnt.
I have to **find out** where Sebastian lives.

1174- Erschossen – *Shot dead*

Gestern wurde ein Mann im Wald **erschossen**.
Yesterday a man was **shot dead** in the woods.

1175- Verhalten – *Restrained*

Er ist sehr schüchtern und **verhalten**.
He is very shy and **restrained**.

1176- Das Verbrechen – *The crime*

Das **Verbrechen** in unserer Stadt nimmt jedes Jahr zu.
Crime in our city rises every year.

1177- Ernsthaft – *Seriously*

Willst du mir **ernsthaft** sagen, dass du jetzt gehst?
Are you **seriously** telling me that you are leaving now?

1178- Die Neun – *The nine*

Die **Neun** ist schon immer meine Glückszahl gewesen.
Nine has always been my lucky number.

1179- Das Schwert – *The sword*

Im Mittelalter kämpften Ritter mit einem **Schwert**.
In the medieaval ages knights fought with a **sword**.

1180- Die Grenze – *The limit*

Diese Tour hat mich an meine persönliche **Grenze** gebracht.
This tour has brought me to my personal **limit**.

1181- Namens – *Called*

Ich kannte einmal einen Mann **namens** Johannes.
I once knew a man **called** Johannes.

1182- Indem – *By*

Wir werden gewinnen, **indem** wir hart trainieren.
We will win **by** training hard.

1183- Die Haut – *The skin*

Du musst deine **Haut** pflegen, sonst wird sie trocken.
You have to look after your **skin** or it will get dry.

1184- Der Flug – *The flight*

Der **Flug** nach Amerika war sehr angenehm.
The **flight** to America was very pleasant.

1185- Das Dorf – *The village*

Das **Dorf** hat viele kleine Läden.
The **village** has many small shops.

1186- Miteinander – *Together*

Ihr solltet versuchen, mehr **miteinander** zu unternehmen.
You should try doing more things **together**.

1187- Fantastisch – *Fantastic*

Das Gemälde, das du gekauft hast, ist einfach **fantastisch**!
The painting you bought is simply **fantastic**!

1188- Packen – *To pack*

Sein Flug geht morgen, doch er muss noch **packen**.
His flight leaves tomorrow but he still has to **pack**.

1189- Ähnlich – *Similar*

Die beiden Katzen sehen sich sehr **ähnlich**.
The two cats look very **similar** to each other.

1190- Die Meile – *The mile*

Es ist noch eine **Meile** bis zum Hotel.
It's one more **mile** to the hotel.

1191- Das Papier – *The paper*

Wir sollten versuchen, nicht so viel **Papier** zu verschwenden.
We should try not to waste so much **paper**.

1192- Die Katze – *The cat*

Meine **Katze** schläft bei mir im Bett.
My **cat** sleeps in bed with me.

1193- Der Club – *The club*

Ich würde mich gerne einem **Club** anschließen.
I would like to join a **club**.

1194- Entkommen – *To escape*

Jedes Jahr **entkommen** zahlreiche Häftlinge aus dem Gefängnis.
Every year numerous prisoners **escape** from jail.

1195- Das Unternehmen – *The underaking*

Das **Unternehmen** ist relativ kompliziert.
The **undertaking** is relatively complicated.

1196- Der Bauer – *The farmer*

Der **Bauer** muss jeden Morgen früh aufstehen.
The **farmer** has to get up early every morning.

1197- Arbeiten gehen – go to work

Meine Cousine Sarah möchte nicht **arbeiten gehen**.
My cousin Sarah doesn't want to **go to work**.

1198- Ihrem – *Your*

Ich werde Sie zu **Ihrem** Auto bringen.
I will take you to **your** car.

1199- Fassen – *To hold*

Dieses Glas kann einen ganzen Liter **fassen**.
This glass can **hold** an entire liter.

1200- Hauen – *To hit*

Er wird ihm ins Gesicht **hauen**.
He will **hit** him in the face.

1201- Übrigens – *By the way*

Übrigens kann ich heute Mittag nicht zur Besprechung kommen.
By the way, I will not be able to come to the meeting this afternoon.

1202- Nahe – *Near*

Ich gaube, dass der Wasserfall ganz **nahe** ist.
I think that the waterfall is **near**.

1203- Weihnachten – *Christmas*

An **Weihnachten** feiern wir mit der ganzen Familie.
On **Christmas** we are celebrating with the entire family.

1204- Der Dienst – *The service*

Er muss dieses Jahr seinen **Dienst** beim Militär leisten.
This year he has to do his military **service**.

1205- Vermisst – *Missing*

Der Junge wird nun schon seit mehr als 24 Stunden **vermisst**.
The boy has been **missing** for over 24 hours now.

1206- Der See – *The lake*

Jedes Wochenende fahren wir an denselben **See**, weil er so schön ist.
Every weekend we go to the same **lake** because it is so beautiful.

1207- Dasselbe – *The same*

Ich kann nicht glauben, dass sie jeden Tag **dasselbe** Essen in der Kantine servieren!
I cannot believe that they serve the **same** food every day in the canteen!

1208- Vorne – *Up front*

Michael steht **vorne** an der Bar und redet mit seinem Kumpel.
Michael is **up front** at the bar and is talking to his mate.

1209- Warm – *Warm*

Er zieht sich den Pullover aus, da er zu **warm** ist.
He is taking off his pullover because it is too **warm**.

1210- Schmecken – *To taste*

Kannst du den Pfeffer in der Soße **schmecken**?
Can you **taste** the pepper in the sauce?

1211- Ursprünglich - Originally

Meine Freundin Mary kommt **ursprünglich** aus England.
My friend Mary comes from England **originally**.

1212- Guck – *Look (Imperative)*

Guck dir das mal an!
Look at that!

1213- Drücken – *To push*

Du musst fest **drücken**, um die Tür zu öffnen.
You have to **push** hard to open the door.

1214- Der Tee – *The tea*

Ich kann den **Tee** nicht trinken, da er noch zu heiß ist.
I cannot drink this **tea** as it is still too hot.

1215- Der Kleine – *The little one*

Der **Kleine** scheint sich hier gut eingelebt zu haben.
It seems like the **little one** has settled in well.

1216- Gegessen – *Eaten*

Dieses Gericht habe ich schon einmal **gegessen**.
I have **eaten** this dish once before.

1217- Die Wache – *The guard*

Die **Wache** hat keine verdächtigen Personen gesehen.
The **guard** has not seen any suspicious people.

1218- Dreckig – *Dirty*

Bitte geh dir die Hände waschen, sie sind so **dreckig**!
Please go and wash your hands, they are so **dirty**!

1219- Insgesamt – *Total*

Heute Abend haben wir **insgesamt** 1000 Euro verdient!
This evening we earned a **total** of 1000 Euros!

1220- Die Schwierigkeit – *The difficulty*

Die **Schwierigkeit** ist, in solchen Situationen ruhig zu bleiben.
The **difficulty** is to stay calm in situations like this.

1221- Die Blume – *The flower*

Die **Blume** hat eine sehr intensive Farbe.
The **flower** has a very intense color.

1222- Danken – *To thank*

Ich wollte dir noch für deine Hilfe am Mittwoch **danken**.
I wanted to **thank** you for your help on Wednesday.

1223- Will – *Want*

Ich **will** nicht, dass du mit irgendjemandem darüber redest.
I don't **want** you talking to anyone about this.

1224- Vermutlich – *Presumably*

Sarah ist **vermutlich** schon nach Hause gegangen.
Presumably Sarah already went home.

1225- Die Einheit – *The unit*

Jede **Einheit** muss geprüft und dann an den Kunden geschickt werden.
Each **unit** has to be checked and then be sent to the customers.

1226- Worauf – *Whereupon*

Er hat mich beleidigt, **worauf** ich ihm eine Ohrfeige gegeben habe.
He insulted me, **whereupon** I smacked him in the face.

1227- Das Fleisch – *The meat*

Sie isst kein **Fleisch**, da sie Vegetarierin ist.
She doesn't eat **meat** as she is a vegetarian.

1228- Die Hälfte – *The half*

Die **Hälfte** deines Essens landet immer im Müll.
Half of your food always ends up in the bin.

1229- Der Respekt – *The respect*

Kinder sollten **Respekt** vor ihren Eltern haben.
Children should have **respect** for their parents.

1230- Lösen – *To solve*

Ich bin mir nicht sicher, wie ich dieses Problem **lösen** soll.
I am not sure how to **solve** this problem.

1231- Vertrauen – *To trust*

Er glaubt nicht, dass er seiner Freundin **vertrauen** kann.
He doesn't think he can **trust** his girlfriend.

1232- Die neuen – The new

Roger, kannst du mir sagen, wo **die neuen** Computer sind?
Roger, can you tell me where **the new** computers are?

1233- Die Freude – *The pleasure*

Es ist mir eine **Freude**, Sie hier willkommen heißen zu dürfen.
It is a **pleasure** to be able to welcome you here.

1234- Die Zahl – *The number*

Die **Zahl** der Verkehrsunfälle ist letztes Jahr stark gesunken.
The **number** of traffic accidents has gone back drastically last year.

1235- Erster – *First*

Mein **erster** Eindruck ist, dass sich hier alle wohlfühlen.
My **first** impression is that everyone is feeling comfortable here.

1236- Der Gang – *The aisle*

Ich möchte gerne einen Sitz am **Gang**, wenn es geht.
If possible, I would like a seat by the **aisle**.

1237- Ausgehen – *To go out*

Sie möchte dieses Wochenende nicht **ausgehen**, weil sie Geld sparen will.

She doesn't want to **go out** this weekend because she wants to save money.

1238- Der Mann – The man

Der **Mann** hat ein neues Restaurant im Zentrum aufgemacht.

The **man** has opened a new restaurant in the center.

1239- Das Taxi – *The taxi*

Wir werden heute mit dem **Taxi** zum Flughafen fahren.

We will get a **taxi** to the airport today.

1240- Worüber – *About what*

Es geht mich nichts an, **worüber** du mit Maria gesprochen hast.

It is none of my business **about what** you spoke to Maria.

1241- Die Brücke – *The bridge*

Ich kann nicht glauben, dass diese **Brücke** schon so alt ist!

I cannot believe that this **bridge** is already this old!

1242- Zuvor – *Before*

Er hat sich noch nie **zuvor** über das Essen beschwert.

He has never complained about the food **before**.

1243- Rechts – *On the right*

Rechts kannst du die Schweizer Alpen sehen.

On the right you can see the Swiss Alps.

1244- Statt – *Instead of*

Du solltest mehr arbeiten, **statt** so viel mit deinen Kollegen zu reden.

You should work more **instead of** talking to your colleagues so much.

1245- Überlegen – *To think*

Du solltest dir **überlegen**, was du Andrea zum Geburtstag schenken wirst.

You should **think** about what you are going to get Andrea for her birthday.

1246- Herein – To come *in*

Du kannst **herein** kommen, die Tür ist offen.

You can **come in**; the door is open.

1247- Nämlich – *Namely*

Es gibt hier eine Person, die Probleme macht – **nämlich** dich.

There is one person that is causing problems – **namely** you.

1248- Der Park – *The park*

Wir können heute nicht in den **Park** gehen, weil er geschlossen ist.

We cannot go to the **park** today because it is closed.

1249- Die Schuhe – *The shoes*

Meine neuen **Schuhe** waren ziemlich teuer.

My new **shoes** were pretty expensive.

1250- Die Flasche – *The bottle*

Dort drüben steht eine **Flasche** Wein.

There is a **bottle** of wine over there.

1251- Ausgewandert - Emigrated

Sein Onkel Charles ist vor neun Jahren nach Australien **ausgewandert.**

His uncle Charles **emigrated** to Australia nine years ago.

1252- Eltern - Parents

Mein Bruder Henry wohnt zu Hause bei unseren **Eltern**.
My brother **Henry** lives at home with our **parents**.

1253- Manch – *Some*

Es gab schon **manch** komische Ereignisse in dieser Schule!
There have been **some** strange events at this school!

1254- Erscheinen – *To appear*

Jeden Abend **erscheinen** hier zwei Männer im Anzug.
Every evening two men in suits **appear** here.

1255- Der Fluss – *The river*

In diesem **Fluss** darf man nicht schwimmen, weil er gefährlich ist.
One is not allowed to swim in this **river** because it is dangerous.

1256- Die Lust – *The lust*

Man sollte sich nicht von seiner **Lust** steuern lassen.
One should not be controlled by one's **lust**.

1257- Jawohl – *Yup*

Jawohl, wir haben alle Arbeiten erledigt!
Yup, we have finished all chores!

1258- Wild – *Wild*

Dieser Hund ist **wild** und man sollte ihm nicht zunahekommen.
This dog is **wild** and you should not get too close to it.

1259- Schönen – *Beautiful*

An einem solch **schönen** Abend sollte man einen Spaziergang machen.
One should go for a walk on such a **beautiful** evening.

1260- Gebeten – *Asked*

Johannes hat mich **gebeten**, ihm bei etwas zu helfen.
Johannes has **asked** me to help him with something.

1261- Die Farbe – *The color*

Ich denke nicht, dass dir diese **Farbe** gut steht.
I don't think this **color** suits you.

1262- Telefon - Phone

Nick kann gerade nicht ans **Telefon** kommen, weil er in einer Besprechung ist.
Nick cannot come to the **phone** right now because he is in a meeting.

1263- Herkommen – *To come here*

Kannst du bitte schnell **herkommen** und mir mit etwas helfen?
Could you quickly **come here** please and help me with something?

1264- Lächerlich – *Ridiculous*

Dein Verhalten heute Abend war einfach **lächerlich**!
Your behavior this evening was simply **ridiculous**!

1265- Die Energie – *The energy*

Er hatte heute so viel **Energie**, dass er 20 km gerannt ist!
He had so much **energy** today that he ran 20 km!

1266- Das Kleid – *The dress*

Dieses **Kleid** sieht toll aus, aber es ist zu teuer.
This **dress** looks great, but it is too expensive.

1267- Gespielt – *Played*

Ich habe schon seit vielen Jahren nicht mehr auf dem Klavier **gespielt**.
I haven't **played** the piano in many years.

1268- Die Ecke – *The corner*

Wir sollten die Pflanze dort in die **Ecke** stellen.
We should put the plant over there in the **corner**.

1269- Der Amerikaner – *The American*

Heute Abend werden wir den **Amerikaner** vom Flughafen abholen.
This evening we will pick up the **American** from the airport.

1270- Der Unterschied – *The difference*

Es gibt keinen **Unterschied** zwischen diesen beiden Hemden.
There is no **difference** between these two shirts.

1271- Betrunken – *Drunk*

Er ist gestern **betrunken** von der Party nach Hause gekommen.
Yesterday he came home **drunk** after the party.

1272- Wachsen – *To grow*

Pflanzen **wachsen** in einem tropischen Klima schneller.
Plants **grow** faster in a tropical climate.

1273- Hingehen – *To go there*

Wir sollten **hingehen** und ihm unsere Meinung sagen!
We should **go there** and tell him our opinion!

1274- Klug – *Wise*

Sie ist sehr **klug** für ihr Alter.
She is very **wise** for her age.

1275- Der Angriff – *The attack*

Der **Angriff** fand gestern Abend in einer Gasse statt.
The **attack** happened last night in an alley.

1276- Das Eis – *The ice cream*

Ich werde uns ein **Eis** zum Nachtisch bestellen.
I will order us an **ice cream** for dessert.

1277- Die Würde – *The dignity*

Jeder Mensch sollte mit **Würde** behandelt werden.
Every person should be treated with **dignity**.

1278- Aufgeben – *To give up*

Wir haben so viel erreicht und dürfen jetzt nicht **aufgeben**.
We have achieved so much and must not **give up** now.

1279- Der Druck – *The pressure*

Wir haben momentan viel **Druck** bei der Arbeit.
At the moment we are under a lot of **pressure** at work.

1280- Schneiden – *To cut*

Heute Nachmittag lasse ich mir meine Haare **schneiden**.
This afternoon I will get my hair **cut**.

1281- Übersetzen – *To translate*

Kannst du diesen Absatz bitte ins Englische **übersetzen**?
Can you please **translate** this paragraph into English?

1282- Der Star – *The star*

Du warst heute der **Star** der Show!
You were the **star** of the show today!

1283- Schätzen – *To estimate*

Experten **schätzen**, dass die Erderwärmung immer schneller
voranschreiten wird.
Experts **estimate** that global warming will advance faster and faster.

1284- Verfolgen – *To pursue*

Die Polizisten **verfolgen** den Einbrecher.
The policemen **pursue** the robber.

1285- Schwanger – *Pregnant*

Ich kann nicht glauben, dass du **schwanger** bist!
I cannot believe you are **pregnant**!

1286- Entschieden – *Decided*

Gestern haben wir uns **entschieden**, zu heiraten.
Yesterday we **decided** to get married.

1287- Die Küche – *The kitchen*

Wir müssen die **Küche** erst aufräumen, bevor wir hier kochen können.
We first have to clean the **kitchen** before we can cook here.

1288- Das Grad – *The degree*

Die Temperatur ist seit gestern um ein **Grad** angestiegen.
The temperature has risen by a **degree** since yesterday.

1289- Das Handy – *The cell phone*

Ich werde ihn schnell von meinem **Handy** aus anrufen.
I will quickly give him a call from my **cell phone**.

1290- Der Engel – *The angel*

In vielen Kirchen kann man einen **Engel** sehen.
In many churches one can see an **angel**.

1291- Der Ehemann – *The husband*

Mein **Ehemann** kümmert sich heute um die Kinder.
My **husband** is looking after the children today.

1292- Davor – *Before*

Ich bin vor 10 Jahren nach Deutschland gezogen. Und **davor** war ich noch nie hier gewesen!
I moved to Germany 10 years ago. And **before** that I had never been here!

1293- Behandeln – *To treat*

Du solltest deinen Chef mit etwas mehr Respekt **behandeln**.
You should **treat** your boss with a little more respect.

1294- Die Qualität– *The quality*

Die **Qualität** dieser Produkte ist ausgezeichnet.
The **quality** of these products is excellent.

1295- Leer – *Empty*

In dieser Flasche ist nichts mehr drin, sie ist **leer**.
There is nothing left in this bottle, it's **empty**.

1296- Unschuldig – *Innocent*

Man könnte meinen, dass du **unschuldig** seist.
One could think you're **innocent**.

1297- Schließlich – *After all*

Wir gehen jetzt – **schließlich** müssen wir morgen früh aufstehen.
We are going now – we have to get up early tomorrow **after all**.

1298- Verpasst – *Missed*

Weil er zu spät angekommen ist, hat er seinen Zug **verpasst**.
He **missed** his train because he arrived late.

1299- Die Gegend – *The area*

Ich kann mir nicht vorstellen, in dieser **Gegend** zu wohnen.
I cannot imagine living in this **area**.

1300- Der Ex – *The Ex*

Ich kann meinen **Ex** einfach nicht vergessen.
I simply cannot forget my **ex**.

1301- Schwach – *Weak*

Er ist zu **schwach**, um weiter zu gehen.
He is too **weak** to continue walking.

1302- Die Erfahrung – *The experience*

Je älter man ist, umso mehr **Erfahrung** hat man.
The older you are, the more **experience** you have.

1303- Das Monster – *The monster*

Viele Kinder glauben, dass sich ein **Monster** in ihrem Zimmer versteckt.
Many children think that a **monster** is hiding in their room.

1304- Der Deal – *The deal*

Heute Abend werden wir den **Deal** abschließen.
This evening we will seal the **deal**.

1305- Überrascht – *Surprised*

Er ist **überrascht**, seine Tochter hier zu sehen.
He is **surprised** to see his daughter here.

1306- Nachts – *At night*

Du solltest **nachts** nicht alleine in die Stadt gehen.
You shouldn't go to the city alone **at night**.

1307- Frisch – *Fresh*

Die Austern schmecken gut, sie sind ganz **frisch**!
The oysters taste good, they are really **fresh**!

1308- Geschlagen – *Beaten*

Es hat seine Frau **geschlagen**.
He has **beaten** his wife.

1309- Stadt - City

London ist eine schöne **Stadt**.
London is a nice **city**.

1310- Klappen – *To work out*

Hoffentlich wird morgen alles **klappen**.
Hopefully, everything will **work out** tomorrow.

1311- Der Bus – *The bus*

Mein Auto ist kaputt und deshalb muss ich den **Bus** nehmen.
My car is broken and that is why I need to take the **bus**.

1312- Beeilen – *To hurry*

Kannst du dich bitte etwas **beeilen**?
Can you please **hurry** up a little?

1313- Die Brust – *The breast*

Der Arzt hat ihre **Brust** genau untersucht.
The doctor checked her **breast** carefully.

1314- Geändert – *Changed*

Leider hat sich die Lage in den letzten Stunden drastisch **geändert**.
Unfortunately, the situation has **changed** drastically over the last few hours.

1315- Zählen – *To count*

Kannst du bitte **zählen**, wie viele Kisten hier sind?
Can you please **count** how many boxes there are?

1316- Wiederholen – *To repeat*

Ich kann nicht alles fünfmal **wiederholen**!
I cannot **repeat** everything five times!

1317- Das Abendessen – *The dinner*

Er möchte seine Familie gerne zum **Abendessen** einladen.
He would like to invite his family to **dinner**.

1318- Entlang – *Along*

Sie gingen am Fluss **entlang**.
They walked **along** the river.

1319- Ermordet – *Murdered*

Seine Eltern wurden vor ein paar Jahren **ermordet**.
His parents were **murdered** a few years ago.

1320- Die Übersetzung – *The translation*

Ohne **Übersetzung** kann ich diesen Text nicht verstehen.
I cannot understand this text without a **translation**.

1321- Der Auftrag – *The order*

Die Firma hat gerade einen neuen **Auftrag** erhalten.
The company just received a new **order**.

1322- Unterhalten – *To entertain*

Ich bin nicht hier, um euch zu **unterhalten**.
I am not here to **entertain** you.

1323- Der Berg – *The mountain*

Dieses Wochenende wollen sie den **Berg** besteigen.
This weekend they want to climb up the **mountain**.

1324- Dienen – *To serve*

Ich werde dir und deiner Familie immer **dienen**.
I will always **serve** you and your family.

1325- Momentan - Currently

Ihr Mann William ist **momentan** in China.
Her husband William is **currently** in China.

1326- Der Verstand – *The mind*

Manchmal kann einem der **Verstand** Streiche spielen.
Sometimes the **mind** can play tricks on you.

1327- Der Wind – *The wind*

Wir können heute nicht segeln, weil der **Wind** zu stark ist.
We cannot go sailing today because the **wind** is too strong.

1328- Das Angebot – *The offer*

Ich würde dein **Angebot** gerne annehmen.
I would like to accept your **offer**.

1329- Zufrieden – *Satisfied*

Wir sind mit dem Hotel wirklich sehr **zufrieden**.
We are really very **satisfied** with the hotel.

1330- Keine Zeit haben – Doesn't have time

Meine Freundin Claire sagt, dass sie keine **Zeit habe**.
My friend Claire says that she doesn't **have time**.

1331- Allerdings – *Though*

Das Essen ist lecker, **allerdings** ist es ziemlich teuer.
The food is tasty, **though** it is pretty expensive.

1332- Wundervoll – *Wonderful*

Der Abend mit dir war einfach **wundervoll**!
The evening with you was simply **wonderful**!

1333- Schöner – *Beautiful*

Das ist ein sehr **schöner** Hund – welche Rasse ist das?
This is a very **beautiful** dog – what breed is it?

1334- Sprechen - talk

Der Lord möchte heute niemanden **sprechen.**
The lord doesn't want to **talk** to anyone today.

1335- Das Fass – *The barrell*

In diesem **Fass** lagern wir einen teuren Wein.
In this **barrel** we store an expensive wine.

1336- Der Zahn – *The tooth*

Der **Zahn** muss leider gezogen werden.
Unfortunately, the **tooth** will have to be taken out.

1337- Der Kunde – *The customer*

An der Kasse steht ein **Kunde** und wartet.
There is a **customer** waiting at the checkout.

1338- Der Erfolg – *The success*

Man muss viel arbeiten, wenn man **Erfolg** haben will.
One has to work a lot if one wants to have **success**.

1339- Schnappen – *To grab*

Ich werde mir im Laden noch schnell eine Flasche Wasser
schnappen.
I will quickly go and **grab** a bottle of water from the shop.

1340- Fällen – *To make (A decision)*

Heute Mittag müssen wir eine wichtige Entscheidung **fällen**.
This afternoon we have to **make** an important decision.

1341- Morgen - Tomorrow

Morgen kommt uns Anna besuchen.
Anna will visit us **tomorrow.**

1342- Die Rose – *The rose*

Er hat ihr eine rote **Rose** zum Geburtstag geschenkt.
He gave her a red **rose** for her birthday.

1343- Der Lehrer – *The teacher*

Die Kinder mögen den neuen **Lehrer** sehr.
The children like the new **teacher** a lot.

1344- Hinaus – *Out*

Du solltest aus dem Haus **hinaus** gehen und etwas frische Luft schnappen.
You should get **out** of the house and get some fresh air.

1345- Neuer – *New*

Heute hat ein **neuer** Mitarbeiter angefangen.
Today a **new** employee started.

1346- Der Kuss – *The kiss*

Sie wollte, dass der **Kuss** niemals endet.
She didn't want the **kiss** to end.

1347- Der Schwanz – *The tail*

Der Hund hat einen braunen **Schwanz**.
The dog has a brown **tail**.

1348- Geholfen – *Helped*

Sarah hat uns gestern wirklich sehr **geholfen**.
Sarah really **helped** us a lot yesterday.

1349- Gewartet – *Waited*

Wo warst du? Ich habe über eine Stunde auf dich **gewartet**!
Where were you? I **waited** over an hour for you!

1350- Fremd – *Foreign*

Er fühlt sich in der neuen Stadt alleine und **fremd**.
He feels lonely and **foreign** in the new city.

1351- Die Süße – *The sweetness*

Die **Süße** des Kuchens ist perfekt – nicht zu viel und nicht zu wenig!
The **sweetness** of this cake is perfect – not too much and not too little!

1352- Das Schätzchen – *The sweetheart*

Schätzchen, kannst du bitte die Musik etwas leiser stellen?
Sweetheart, could you please turn down the music a little?

1353- Der Haufen – *The heap*

Wir haben noch einen **Haufen** Klamotten, den wir sortieren müssen.
We have a **heap** of clothes that we need to sort.

1354- Das Dach – *The roof*

Vom **Dach** aus hat man einen tollen Blick.
You get a nice view from the **roof**.

1355- Angreifen – *To attack*

Ich glaube, dass sie uns jeden Moment **angreifen** werden.
I think they will **attack** any moment now.

1356- Das Restaurant – *The restaurant*

Wir wollten schon immer einmal in diesem **Restaurant** essen.
We have always wanted to eat in this **restaurant**.

1357- Die Aufnahme – *The recording*

Die **Aufnahme** ist schon ziemlich alt, doch sie ist unbeschädigt.
This **recording** is pretty old, but it has not been damaged.

1358- Stoppen – *To stop*

Die Autos **stoppen** an der roten Ampel.
The cars **stop** at the red light.

1359- Verrücken – *To shift*

Wir müssen diese Möbel **verrücken**.
We need to **shift** the furniture.

1360- Der Mut – *The courage*

Es braucht viel **Mut**, einen Job im Ausland anzunehmen.
It takes a lot of **courage** to accept a job abroad.

1361- Der Hintern – *The butt*

Wenn du nicht sofort herkommst, werde ich dir den **Hintern** versohlen!
If you don't come over here right now I will smack your **butt**!

1362- Der Anzug – *The tuxedo*

Der schwarze **Anzug** sieht wirklich elegant aus.
The black **tuxedo** looks really elegant.

1363- Das Signal – *The signal*

Wenn sie das **Signal** gibt, rennen wir los.
When she gives the **signal**, we will start running.

1364- Fertigen – *To manufacture*

In dieser Fabrik **fertigen** die Arbeiter Uhren.
In this factory the employees **manufacture** watches.

1365- Der Prinz – *The prince*

In diesem Schloss wohnt ein echter **Prinz**!
A real **prince** lives in this castel!

1366- Deren – *Whose*

Die Frau, **deren** Mann im Ausland wohnt, spricht Russisch.
The woman, **whose** husband lives abroad, speaks Russian.

1367- Bewegt – *Moved*

Ich glaube, dass sich dort etwas **bewegt** hat.
I think something **moved** over there.

1368- Riesig – *Huge*

Diese Pizza ist **riesig**!
This pizza is **huge**!

1369- Die Pistole – *The gun*

Er verlässt das Haus niemals ohne seine **Pistole**.
He never leaves the house without his **gun**.

1370- Kochen – *To cook*

Heute Abend werden wir zusammen **kochen**.
This evening we will **cook** together.

1371- Regnen – *To rain*

Er denkt, dass es später noch **regnen** wird.
He thinks that it will **rain** later on.

1372- Der Strand – *The beach*

Ich möchte mich an den **Strand** legen und einfach nichts tun.
I want to lie on the **beach** and simply do nothing.

1373- Starten – *To start*

In wenigen Minuten werden wir mit der Vorstellug **starten**.
In a few minutes we will **start** with the show.

1374- Fair – *Fair*

Es ist nicht **fair**, dass du so viel mehr verdienst als ich!
It isn't **fair** that you are earning so much more than me!

1375- Gelten – *To apply to*

Diese Regeln **gelten** für alle Mitarbeiter.
These rules **apply to** all employees.

1376- Die Neuigkeit – *The news*

Das ist ja eine tolle **Neuigkeit**!
That is really great **news**!

1377- Das Interesse – *The interest*

Er hat großes **Interesse** an der Kunstausstellung gezeigt.
He has shown great **interest** in the art exhibition.

1378- Schwimmen – *To swim*

Er kann immer noch nicht **schwimmen**!
He still cannot **swim**!

1379- Das Mädel – *The girl*

Das **Mädel** in meiner Klasse gefällt mir sehr gut.
I really like the **girl** in my class.

1380- Größte – *Biggest/Greatest*

Die **größte** Herausforderung ist, nichts zu vergessen.
The **biggest** challenge is not to forget anything.

1381- Das Grün – *The green*

Das **Grün** deiner Augen ist wunderschön.
The **green** of your eyes is beautiful.

1382- Der Vertrag – *The contract*

Er muss seinen **Vertrag** nur noch unterschreiben.
He just needs to sign his **contract**.

1383- Eurer – *Yours*

Wem gehört der Hund? Ist das **eurer**?
Who does the dog belong to? Is that **yours**?

1384- Das Benehmen – *The behavior*

Sein **Benehmen** gestern war sehr unhöflich.
His **behavior** yesterday was very rude.

1385- Der Sitz – *The seat*

Dieser **Sitz** ist für meinen Mann reserviert.
This **seat** has been reserved for my husband.

1386- Zweite – *Second*

Ich denke, dass jeder eine **zweite** Chance verdient.
I think that everyone deserves a **second** chance.

1387- Der Richter – *The judge*

Der **Richter** ist sehr streng.
The **judge** is very strict.

1388- Die Tatsache – *The fact*

Es ist eine **Tatsache**, dass du nie Zeit für mich hast.
It is a **fact** that you never have time for me.

1389- Lauten – *To be called*

Die Antworten **lauten** "A" und "D".
The answers **are called** "A" and "D"

1390- Der Wille – *The will*

Es war sein letzter **Wille**, hier begraben zu werden.
It was his last **will** to be buried here.

1391- Dessen – *Whose*

Der Mann, **dessen** Kinder schon erwachsen sind, lebt alleine.
The man, **whose** children are already grown-ups, lives alone.

1392- Das Programm – *The program*

Auf dem **Programm** steht, dass der Fillm 120 Minuten dauert.
The **program** says that the film is 120 minutes long.

1393- Das Datum – *The date*

Welches **Datum** haben wir heute?
What is the **date** today?

1394- Scharf – *Sharp*

Das Messer ist sehr **scharf**.
The knife is very **sharp**.

1395- Der Glückwunsch – *The congratulations*

Viele Leute haben ihr einen **Glückwunsch** geschickt.
Many people sent her their **congratulations**.

1396- Sprachen - Languages

Mein Freund Walter kann drei **Sprachen** sprechen.
My friend Walter can speak three **languages.**

1397- Der Scherz – *The joke/The hoax*

Sei nicht böse, das war doch nur ein **Scherz**!
Don't be mad, it was just a **joke**!

1398- Die Gabe – *The gift*

Manche Menschen haben eine besondere **Gabe**.
Some people have a special **gift**.

1399- Die Zigarette – *The cigarette*

Ich habe gerade meine letzte **Zigarette** geraucht
I just smoked my last **cigarette**.

1400- Komplett – *Completely*

Er hat die Marmelade **komplett** leer gegessen!
He **completely** finished the jam!

1401- Das Gewehr – *The shotgun*

Der Mann holt sein **Gewehr**, weil er jagen geht.
The man gets his **shotgun** because he is going hunting.

1402- Landen – *To land*

Wir werden in wenigen Minuten in Santiago **landen**.
In a few minutes we will **land** in Santiago.

1403- Bobby – *Bobby*

Ich glaube, dass sein Sohn **Bobby** heißt.
I think his son is called **Bobby**.

1404- England – *England*

Sie hat vor ein paar Jahren in **England** gelebt.
She lived in **England** a few years ago.

1405- Verhaftet – *Arrested*

Endlich haben sie den Mörder **verhaftet**.
They finally **arrested** the murderer.

1406- Verdammter – *Damned*

Er ist ein **verdammter** Lügner!
He is a **damned** liar!

1407- Merkwürdig – *Strange*

Ich finde, dass er sich heute sehr **merkwürdig** benimmt.
I think he is behaving very **strange** today.

1408- Mami – *Mommy*

Mami, ich möchte gerne ein Eis essen.
Mommy, I would like to eat some ice cream.

1409- Vollkommen – *Completely*

Es scheint, als hättest du den Verstand **vollkommen** verloren.
It seems like you **completely** lost your mind.

1410- Zufällig – *Randomly*

Ich habe gestern **zufällig** meinen Ex im Supermarkt getroffen.
I **randomly** ran into my ex at the supermarket yesterday.

1411- Robert – *Robert*

Mein bester Freund **Robert** wird morgen heiraten.
My best friend **Robert** will get married tomorrow.

1412- Steige – *Climb*

Ich **steige** langsam den Berg hinauf.
I slowly **climb** up the mountain.

1413- Letztes – *Last*

Letztes Mal hast du gesagt, dass du kein Fleisch isst.
Last time you said that you don't eat meat.

1414- Rom – *Rome*

Rom ist die Hauptstadt von Italien.
Rome is the capital of Italy.

1415- Martin – *Martin*

Sein Bruder **Martin** ist 4 Jahre jünger als er.
His brother **Martin** is 4 years younger than him.

1416- Normalerweise – *Normally*

Er kann **normalerweise** nicht so viel essen, doch heute hat er
Hunger!
He **normally** cannot eat that much but he is hungry today!

1417- Die Pause – *The break*

Ich brauche unbedingt eine **Pause**.
I really need a **break**.

1418- Neues – *New*

Sie hat sich am Wochenende ein **neues** Kleid gekauft.
On the weekend she bought a **new** dress for herself.

1419- Fern – *Remote*

Diese Insel liegt sehr **fern**.
This island is very **remote**.

1420- Der Kauf – *The purchase*

Du solltest dir den **Kauf** eines Hauses wirklich überlegen.
You should really think about the **purchase** of a house.

1421- Blind – *Blind*

Unser Hund kann nichts sehen, er ist **blind**.
Our dog cannot see anything, he is **blind**.

1422- Die Königin – *The queen*

Die **Königin** möchte ihren Ehemann sprechen.
The **queen** would like to talk to her husband.

1423- Gefahren – *Driven*

Wir sind die ganze Nacht **gefahren**, um bei dir sein zu können.
We have **driven** all night in order to be with you.

1424- Interessieren – *To interest*

Er scheint sich nicht besonders für Kunst zu **interessieren**.
It seems that art does not particularly **interest** him.

1425- Wie viel – *How much*

Wie viel kostet diese Flasche Saft?
How much is this bottle of juice?

1426- Geht's – *Goes it*

Wie **geht's** dir?
How **goes it**?

1427- Welcher – *Which*

Welcher Kellner hat dir das Essen serviert?
Which waiter served you the food?

1428- Gewusst – *Known*

Ich habe schon immer **gewusst**, dass etwas nicht mit ihm stimmt.
I have always **known** that something isn't quite right with him.

1429- Erlauben – *To allow*

Er wird seinem Sohn nicht **erlauben**, in die Stadt zu gehen.
He will not **allow** his son to go into town.

1430- Verletzen – *To hurt*

Sie will ihn mit ihren Worten **verletzen**.
She wants to **hurt** him with her words.

1431- Der Unsinn – *The nonsense*

Bitte hör mit diesem **Unsinn** auf!
Please stop with this **nonsense**!

1432- Richten – *To judge*

Am Ende wird er uns alle **richten**.
In the end he will **judge** all of us.

1433- Besitzen – *To own*

Es ist schön, einen Garten zu **besitzen**.
It is nice to **own** a garden.

1434- Langen – *Long*

Bitte gib mir den **langen** Ast.
Please pass me the **long** branch.

1435- Beobachten – *To watch*

Ich werde sie von hier aus **beobachten**.
I will **watch** her from here.

1436- Die Verantwortung – *The responsibility*

Es ist unsere **Verantwortung,** dass hier alles funktioniert.
It is our **responsibility** to make sure everything works here.

1437- Beschissen – *Shitty*

Mein Tag war wirklich **beschissen.**
My day was really **shitty.**

1438- Mitgebracht – *Brought*

Ich habe dir ein paar Andenken aus Mexiko **mitgebracht.**
I **brought** you some souvenirs from Mexico.

1439- Das Frühstück – *The breakfast*

Sie isst ein Ei und eine Scheibe Toast zum **Frühstück.**
She is eating an egg and a slice of toast for **breakfast.**

1440- Lebend – *Alive*

Wir müssen ihn hier **lebend** herausholen!
We have to get him out of here **alive!**

1441- Teuer – *Expensive*

Ich verstehe nicht, warum diese Schuhe so **teuer** sind!
I cannot understand why these shoes are so **expensive!**

1442- Das Mitglied – *The member*

Sie müssen ein **Mitglied** sein, um in diesen Bereich gehen zu
können.
You have to be a **member** in order to go into this area.

1443- Feuern – *To fire*

Wenn er so weitermacht, werde ich ihn **feuern.**
If he continues like this I will **fire** him.

1444- Der Sommer – *The summer*

Diesen **Sommer** werden wir ans Meer fahren.
This **summer** we will drive to the sea.

1445- Erwachsen – *Grown-up*

Die Kinder sind ja schon alle **erwachsen**!
The children are all **grown-up**!

1446- Aufstehen – *To get up*

Morgen müssen wir sehr früh **aufstehen**.
Tomorrow we have to **get up** very early.

1447- Der Irre – *The lunatic*

Der **Irre** ist aus der Anstalt ausgebrochen.
The **lunatic** escaped the asylum.

1448- Das Fressen – *The food*

Die Tiere im Stall brauchen noch **Fressen**.
The aimals in the stable still need **food**.

1449- Der Koffer – *The suitcase*

Ich habe meinen **Koffer** schon vor zwei Wochen gepackt!
I packed my **suitcase** two weeks ago!

1450- Gebaut – *Built*

In London haben sie schon wieder eine neue Straße **gebaut**.
They **built** yet another new street in London.

1451- Das Thema – *The topic*

Wir fanden das **Thema** des Buches nicht sehr ansprechend.
We didn't find the **topic** of the book very appealing.

1452- Daher – *Hence*

Er hat kein Geld und **daher** kann er auch nicht ausgehen.
He doesn't have any money and **hence** he cannot go out.

1453- Worum – *What for*

Worum hat er dich gestern gebeten?
What did he ask you **for** yesterday?

1454- Reiten – *To ride (On horseback)*

Ich würde gerne einmal auf einem Pferd **reiten**.
I would like to **ride** on a horse one day.

1455- Geschlossen – *Closed*

Es tut mir leid, aber die Bar ist seit einer halben Stunde **geschlossen**.
I am sorry, but the bar **closed** half an hour ago.

1456- Das Fett – *The fat*

Sie möchte das **Fett** am Fleisch nicht essen.
She doesn't want to eat the **fat** on the meat.

1457- Das Bad – *The bathroom*

Du bist jetzt schon seit einer Stunde im **Bad**!
You have been in the **bathroom** for an hour now!

1458- Der Riese – *The giant*

Der **Riese** wird uns alle vernichten!
The **giant** will destroy us all!

1459- Die Hose – *The pants*

Ich kann meine braune **Hose** nicht finden.
I cannot find my brown **pants**.

1460- Verstehe – *Understand*

Ich **verstehe** nicht, warum du so gemein bist.
I don't **understand** why you are so mean.

1461- Angetan – *Done*

Du hast ihr viele schreckliche Dinge **angetan**!
You have **done** many horrible things to her!

1462- Abholen – *To pick up*

Dein Vater wird dich in einer Stunde hier **abholen**.
Your father will **pick** you **up** here in an hour.

1463- Das Video – *The video*

Wir müssen das **Video** heute zurückbringen.
We have to take back the **video** today.

1464- Gestellt – *Put*

Er hat das Glas auf den Tisch **gestellt**.
He **put** the glass on the table.

1465- Herzlich – *Cordially*

Sie hat uns sehr **herzlich** in ihrem Zuhause begrüßt.
She welcomed us very **cordially** to her home.

1466- Drüber – *Over it*

Der Vogel kann einfach **drüber** fliegen.
The bird can simply fly **over it**.

1467- Geraten – *Guessed*

Ich wusste die Antwort nicht, ich habe einfach **geraten**.
I didn't know the answer, I simply **guessed**.

1468- Einverstanden – *Agreed*

Ich war mit diesem Vertrag noch nie **einverstanden**!
I never **agreed** to this contract!

1469- Familie - Family

Adam wohnt mit seiner **Familie** in Amerika.
Adam lives with his **family** in America.

1470- Der Kurs – *The course*

Ich glaube nicht, dass ich diesen **Kurs** beenden werde.
I don't think I will finish this **course**.

1471- Unterschreiben – *To sign*

Sie müssen noch hier **unterschreiben** und dann ist alles fertig.
You just have to **sign** here and then everything is ready.

1472- Privat – *Private*

Ich möchte dir nicht sagen, worum es geht – es ist **privat**.
I don't want to tell you what this is about – it is **private**.

1473- Aufwachen – *To wake up*

Bitte stell den Wecker, damit wir nicht wieder so spät **aufwachen**.
Please set the alarm so we will not **wake up** late again.

1474- Schwul – *Gay*

Er ist **schwul** und seine Eltern unterstützen ihn.
He is **gay**, and his parents support him.

1475- Die Rechte – *The rights*

Ich werde Ihnen jetzt Ihre **Rechte** vorlesen.
I will now read your **rights** to you.

1476- Rauf – *Up*

Ohne Hilfe komme ich nicht auf diese Mauer **rauf**.
I cannot get **up** this wall without any help.

1477- Langweilig – *Boring*

Die Vorstellung war nicht sehr kreativ und extrem **langweilig**.
The performance was not very creative and extremely **boring**.

1478- Der Held – *The hero*

Der **Held** rettet die Stadt nun schon zum zweiten Mal.
The **hero** saves the city for the second time now.

1479- Einsam – *Lonely*

Seit seine Frau ihn verlassen hat, fühlt er sich **einsam**.
Since his wife has left him, he feels very **lonely**.

1480- Die Krankheit – *The disease*

Bitte wasch dir die Hände, denn diese **Krankheit** ist ansteckend.
Please wash your hands because this **disease** ist contagious.

1481- Vorwärts – *Forward*

Der Wagen bewegt sich langsam **vorwärts**.
The car slowly moves **forward**.

1482- Nachgedacht – *Thought*

Ich habe viel darüber **nachgedacht**, was passiert ist.
I **thought** a lot about what happened.

1483- Angehen – *To tackle*

Er ist sich nicht sicher, wie er dieses Problem **angehen** soll.
He isn't sure how he should **tackle** this problem.

1484- Der Zeitpunkt – *The time*

Endlich ist der **Zeitpunkt** gekommen!
Finally, the **time** has come!

1485- Der Tanz – *The dance*

Das ist ein traditioneller **Tanz**, den es nur hier gibt.
This is a traditional **dance** that you can only find here.

1486- Ich würde gerne – I would like to

Ich würde gerne einmal das Weiße Haus in Washington sehen.
I would like to see the White House in Washington at some point.

1487- Der Kapitän – *The captain*

Der **Kapitän** steuert das Schiff sicher durch den Sturm.
The **captain** steers the ship safely through the storm.

1488- Zwingen – *To force*

Ich kann dich nicht dazu **zwingen**, mit mir zu kommen.
I cannot **force** you to come with me.

1489- *Hat gesucht* – Was looking for

König Arthur **hat** den Heiligen Gral **gesucht.**
King Arthur **was looking for** the Holy Grail.

1490- Der Nachmittag – *The afteroon*

Morgen **Nachmittag** werden wir einkaufen gehen.
Tomorrow **afternoon** we will go shopping.

1491- Beeil – *Hurry (Imperative)*

Beeil dich!
Hurry up!

1492- Das Pfund – *The pound*

Ich hätte gerne ein **Pfund** Hackfleisch.
I would like a **pound** of minced meat.

1493- Mitten – *In the middle*

Das Auto hat **mitten** auf der Straße geparkt!
The car parked **in the middle** of the road!

1494- Fliehen – *To flee*

Während dem Krieg **fliehen** viele Leute aus dem Land.
During the war many people **flee** the country.

1495- Der Senator – *The senator*

Der **Senator** hat heute ein wichtiges Treffen.
The **senator** has an important meeting today.

1496- Die Gelegenheit – *The opportunity*

Das ist die perfekte **Gelegenheit**, um Geld zu machen!
This is the perfect **opportunity** to make money!

1497- Studieren – *To study*

Sie wollte schon immer Literatur an der Universität **studieren**.
She has always wanted to **study** literature at university.

1498- Der Knast – *The jail*

Er muss für diesen Diebstahl einige Jahre in den **Knast** gehen.
He has to go to **jail** for many years for this robbery.

1499- Begreifen – *To understand*

Er kann ihre Denkweise einfach nicht **begreifen**.
He simply cannot **understand** her way of thinking.

1500- Der Zustand – *The state*

Leider ist der Patient in einem schlechten **Zustand**.
Unfortunately, the patient is in a bad **state**.

1501- Kontrollieren – *To control*

Dem Lehrer fällt es manchmal schwer, die Klasse zu **kontrollieren**.
Sometimes the teacher finds it difficult to **control** the class.

1502- Daraus – *From that*

Ich folgere **daraus**, dass wir mit unserer Annahme richtig lagen.
I conclude **from that** that we were correct in our assumptions.

1503- Akzeptieren – *To accept*

Er kann immer noch nicht **akzeptieren**, dass sie ihn verlassen hat.
He still cannot **accept** that she has left him.

1504- Kehren – *To sweep*

Jede Woche muss sie die Treppen im Haus **kehren**.
Every week she has to **sweep** the stairs in the house.

1505- Die Station – *The station*

Wir müssen bei der nächsten **Station** aussteigen.
We have to get off at the next **station**.

1506- Warnen – *To warn*

Er will uns mit seinem Bellen **warnen**, nicht näher zu kommen.
He wants to **warn** us with his barking not to get any closer.

1507- Zurückkehren – *To return*

Sie möchte gerne noch einmal im Leben nach Amsterdam
zurückkehren.
She would like to **return** to Amsterdam one more time in her life.

1508- Zuhören – *To listen*

Es tut mir leid, ich kann dir momentan nicht **zuhören**.
I am sorry, I cannot **listen** to you at the moment.

1509- Das College – *The college*

Sie möchte aufs **College** gehen und mehr lernen.
She wants to go to **college** and learn more.

1510- Nackt – *Naked*

Du kannst hier nicht einfach **nackt** herumlaufen!
You can't walk around **naked** here!

1511- Der Quatsch – *The nonsense*

Könnt ihr bitte mit diesem **Quatsch** aufhören?
Can you please stop with this **nonsense**?

1512- Mitkommen – *To come along*

Willst du morgen mit uns zum See **mitkommen**?
Do you want to **come along** to the lake with us tomorrow?

1513- Verändern – *To change*

Wir können an diesem Produkt jetzt nichts mehr **verändern**.
We cannot **change** anything about this product now.

1514- Heben – *To lift*

Wir müssen diese Kiste zusammen **heben**, sie ist sehr schwer.
We have to **lift** this box together, it is very heavy.

1515- Der Bastard – *The bastard*

Ich will diesen **Bastard** nie wieder hier sehen!
I never want to see this **bastard** here again!

1516- Das Wochenende – *The weekend*

Wir haben schon einige Pläne für das **Wochenende**!
We already have quite a few plans for the **weekend**!

1517- Die Prinzessin – *The princess*

Die **Prinzessin** lebte mit ihren Eltern in einem Schloss.
The **princess** lived in a castle with her parents.

1518- Französisch – *French*

Ich wollte schon immer einmal **Französisch** lernen.
I have always wanted to learn **French**.

1519- Die Fähigkeit – *The ability*

Er hat die **Fähigkeit**, alle mit seinen Geschichten zu unterhalten.
He has the **ability** to entertain everyone with his stories.

1520- Spinnen – *To spin*

Bevor man die Wolle verarbeiten kann, muss man sie zuerst zu Garn **spinnen**.
Before you can start using the wool you have to **spin** it to a thread.

1521- Das Radio – *The radio*

Heute kommt keine gute Musik im **Radio**.
Today there is no good music on the **radio**.

1522- Klingeln – *To ring*

Wie lange willst du dein Handy noch **klingeln** lassen?
How long do you want to let your cell phone **ring**?

1523- Reißen – *To tear*

Diese Hemden aus Seide **reißen** sehr leicht.
These shirts made from silk **tear** easily.

1524- Das Projekt – *The project*

Wir haben soeben erfahren, dass das **Projekt** abgesagt wird.
We have just found out that the **project** will be cancelled.

1525- Kennenlernen – *To get to know (someone)*

Ich würde das Team gerne besser **kennenlernen**.
I would like to **get to know** the team better.

1526- Der Schauspieler – *The actor*

Der **Schauspieler** setzt eine Sonnenbrille auf.
The **actor** puts on sunglasses.

1527- Erklärt – *Declared*

Heute Morgen wurde Herr Schmidt zum neuen Bürgermeister **erklärt**This morning Mr. Schmidt was **declared** the new mayor.

1528- Das Risiko – *The risk*

Wir können ihn nicht operieren, da das **Risiko** zu hoch ist.
We cannot operate on him as the **risk** is too high.

1529- Mies – *Lousy*

Ich fühle mich schon die ganze Woche richtig **mies**.
I have been feeling **lousy** for the entire week.

1530- Erinnert – *Reminds*

Er **erinnert** micht daran, was noch alles getan werden muss.
He **reminds** me of what still needs to be done.

1531- Dankbar – *Grateful*

Wir sind sehr **dankbar** für alles, was du getan hast.
We are very **grateful** for everything you have done.

1532- Erstes – *First*

Als **Erstes** muss ich im Supermarkt einkaufen gehen.
First, I need to go shopping in the supermarket.

1533- Die Reihe – *The series*

Diese **Reihe** an Fotos ist wirklich sehr kreativ.
This **series** of photographs is really very creative.

1534- Heilig – *Holy*

Den Tempel darf man nicht betreten, denn er ist **heilig**.
Entering the temple is not permitted because it is **holy**.

1535- Wird bringen – will take

Fräulein Fischer **wird** Sie in Ihr Zimmer **bringen**.
Miss Fischer **will take** you to your room.

1536- Die Kiste – *The box*

Ich frage mich, was wohl in der **Kiste** ist.
I ask myself what might be in that **box**.

1537- Die Zelle – *The cell*

Unter dem Mikoskop kann man sehen, wie die **Zelle** sich verändert.
Under the microscope you can see how the **cell** is changing.

1538- Erreicht – *Achieved*

Endlich haben wir mit unserem Produkt Erfolg **erreicht**!
Finally, we have **achieved** success with our product!

1539- Dorthin – *There*

Wir sollten das Sofa **dorthin** stellen.
We should put the sofa over **there**.

1540- Der Rock – *The rock*

Rock ist nicht nur Musik, sondern auch eine Lebensweise.
Rock is not just music but also a way of life.

1541- Schenken – *To give (as a gift)*

Ich möchte dir gerne diese Kette **schenken**.
I would like to **give** this necklace to you.

1542- Außerhalb – *Outside*

Unser Haus steht etwas **außerhalb** der Stadt.
Our house is situated a little **outside** the city.

1543- Gemeint – *Meant*

Er hat es sicher nicht so **gemeint**!
He surely hasn't **meant** it like that!

1544- Der Schatten – *The shadow*

In der Hitze legen sich alle Touristen in den **Schatten** eines Baumes.
During the heat all tourists lie in the **shadow** of a tree.

1545- Ankommen – *To arrive*

Wann werden wir in Hamburg **ankommen**?
When will we **arrive** in Hamburg?

1546- Gezeigt – *Shown*

Er hat mir **gezeigt**, wie man die besten Steaks macht.
He has **shown** me how to make the best steaks.

1547- Größer – *Greater/Bigger*

Jedes Mal, wenn ich dich sehe, bist du **größer**!
Every time I see you, you are **bigger**!

1548- Aufnehmen – *To record*

Wir werden dieses Gespräch **aufnehmen**.
We will **record** this conversation.

1549- Daher – *Hence*

Er war geschwächt von der Krankheit und **daher** anfällig für Infektionen.
He was weakened by the disease, and **hence** vulnerable to infection.

1550- Das Date – *The date*

Du musst mir alles über dein **Date** mit Daniel erzählen!
You have to tell me everything about your **date** with Daniel!

1551- So viel – *So much*

Wir haben gestern **so viel** Fleisch gegessen!
We ate **so much** meat yesterday!

1552- Die Natur – *The nature*

Wir müssen versuchen, die **Natur** besser zu schützen.
We have to try to protect **nature** better.

1553- Ich habe nicht – *I haven't*

Ich habe schon lange **nicht** mehr mit Brian gesprochen.
I haven't spoken to Brian in a long time.

1554- Konzentrieren – *To focus*

Er kann sich bei diesem Lärm nicht **konzentrieren**.
He cannot **focus** with this noise.

1555- Gebe – *Give*

Ich **gebe** dir mein Wort, dass dir nichts passieren wird.
I **give** you my word that nothing will happen to you.

1556- Russisch – *Russian*

Es wäre schön, wenn ich dieses Buch auf **Russisch** lesen könnte.
It would be nice if I could read this book in **Russian**.

1557- Das Schloss – *The castle*

Am Wochenende werden wir das **Schloss** besichtigen gehen.
On the weekend we will go and visit the **castle**.

1558- Geplant – *Planned*

Wir haben noch keine Aktivitäten für morgen **geplant**.
We haven't **planned** any activities for tomorrow yet.

1559- Sammeln – *To collect*

Er hat vor vielen Jahren damit angefangen, Briefmarken zu **sammeln**.
Many years ago, he started to **collect** stamps.

1560- Der Mistkerl – *The bastard*

Sie will diesen **Mistkerl** nie wiedersehen.
She does not want to see this **bastard** ever again.

1561- Der Song – *The song*

Dieser **Song** kommt fast jeden Tag im Radio.
This **song** is on the radio almost every day.

1562- Der Stock – *The stick*

Der Hund rennt dem **Stock** hinterher.
The dog runs after the **stick**.

1563- Berühmt – *Famous*

Wenn ich **berühmt** wäre, würde ich immer mit meinen Fans reden.
If I was **famous,** I would always talk to my fans.

1564- Die Akte – *The file*

In dieser **Akte** stehen streng vertrauliche Informationen.
This **file** contains strictly confidential information.

1565- Riskieren – *To risk*

Ich möchte nicht **riskieren**, dich zu verlieren.
I don't want to **risk** losing you.

1566- Die Karriere – *The career*

Seine **Karriere** ist ihm wichtiger als alles andere.
His **career** is more important to him than anything else.

1567- Gefeuert – *Fired*

Er wurde wegen seiner schlechten Arbeit **gefeuert**.
He was **fired** because of his bad work.

1568- Der Wahnsinn – *The madness*

Was du tun willst ist doch kompletter **Wahnsinn**!
It is complete **madness** what you are trying to do!

1569- Bemerkt – *Notices*

Er **bemerkt**, wie sie etwas von seinem Schrebtisch klaut.
He **notices** her stealing something from his desk.

1570- Verbracht – *Spent*

Wir haben sieben Tage in Lissabon **verbracht**.
We have **spent** seven days in Lisbon.

1571- Das Gebiet – *The area*

Dieses **Gebiet** ist für seinen Wein bekannt geworden.
This **area** has become well-known for its wine.

1572- Die Falle – *The trap*

Der Biber sitzt in einer **Falle** fest.
The beaver is caught in a **trap**.

1573- Schweigen – *To remain silent*

Wir sollten alle für einen Moment **schweigen**.
We should all **remain silent** for a moment.

1574- Das Lager – *The stock*

Wir haben nicht mehr viele Dosen auf **Lager**.
We don't have very many cans in **stock**.

1575- Der Dreck – *The dirt*

Du hast sehr viel **Dreck** an deinen Schuhen.
You have a lot of **dirt** on your shoes.

1576- Der Wichser – *The wanker*

Ich kann nicht glauben, was dir dieser **Wichser** angetan hat!
I cannot believe what this **wanker** did to you!

1577- Der Dieb – *The thief*

Der **Dieb** konnte flüchten, bevor die Polizei ankam.
The **thief** could escape before the police arrived.

1578- Der Code – *The code*

Ich habe den **Code** für die Garage vergessen!
I forgot the **code** for the garage!

1579- Der Stuhl – *The chair*

Dieser **Stuhl** ist wirklich sehr gemütlich.
This **chair** is really very comfortable.

1580- Auftauchen – *To pop up*

Manchmal kann man sehen, wie die Robben im Meer **auftauchen**.
Sometimes one can see seals **pop up** in the sea.

1581- Weitermachen – *To continue*

Ich kann unter diesen Bedingungen nicht **weitermachen**.
I cannot **continue** under these circumstances.

1582- Die Lösung – *The solution*

Die beste **Lösung** ist, noch einmal von vorne zu beginnen.
The best **solution** is to start again from the beginning.

1583- Hinein – *Into*

Der Mann geht in das Geschäft **hinein**.
The man goes **into** the shop.

1584- Der Bart – *The beard*

Du solltest dir den **Bart** etwas kürzen.
You should trim your **beard** a little.

1585- Der Flughafen – *The airport*

Ich möchte am **Flughafen** etwas essen.
I would like to eat something at the **airport**.

1586- Umgehen – *To bypass*

Er ist sich nicht sicher, wie er diese Straße **umgehen** kann.
He isn't sure how to **bypass** this street.

1587- Die Rechnung – *The cheque*

Könnten wir bitte die **Rechnung** haben?
Could we please get the **cheque**?

1588- Der Zufall – *The coincidence*

Wir haben den gleichen Rock an – was für ein **Zufall**!
We are wearing the same skirt – what a **coincidence**!

1589- Senden – *To send*

Ich werde dir die Dokumente morgen **senden**.
I will **send** you the documents tomorrow.

1590- Verpassen – *To miss*

Es wäre schade, wenn wir diese Vorstellung **verpassen** würden.
It would be a shame if we **missed** this performance.

1591- Der Killer – *The killer*

Der **Killer** wurde noch immer nicht gefasst.
The **killer** still hasn't been caught.

1592- Leise – *Quietly*

Wir müssen ganz **leise** gehen.
We have to leave very **quietly**.

1593- Stöhnen – *To moan*

Kannst du bitte aufhören, so zu **stöhnen**?
Can you please stop **moaning** like that?

1594- Für – *For*

Wir haben das hier alles **für** dich getan.
We did all this **for** you.

1595- Die Gewalt – *The violence*

Leider nimmt die **Gewalt** unter Jugendlichen immer mehr zu.
Unfortunately, **violence** amongst juveniles is increasing.

1596- Nächstes – *Next*

Als **Nächstes** werden wir das Budget für dieses Jahr besprechen.
Next, we will discuss the budget for this year.

1597- Der Großvater – *The grandfather*

Mein **Großvater** kann sehr gute Geschichten erzählen.
My **grandfather** can tell great stories.

1598- Entfernen – *To remove*

Wir müssen den Tumor **entfernen**, bevor er größer wird.
We have to **remove** the tumor before it gets any bigger.

1599- Der Umstand – *The circumstance*

Dieser **Umstand** ist alles andere als angenehm.
This **circumstance** is anything but comfortable.

1600- Tauchen – *To dive*

Ich würde gerne lernen, zu **tauchen**.
I would like to learn how to **dive**.

1601- Geschossen – *Shot*

Er hat sich selbst in den Fuß **geschossen**!
He has **shot** himself in the foot!

1602- Ergeben – *To yield*

Die Truppen unseres Feindes werden sich **ergeben**.
The troops of our enemy will **yield**.

1603- Gehalten – *Held*

Heute hat er zum ersten Mal seinen Sohn in den Armen **gehalten**.
Today he **held** his son in his arms for the first time.

1604- Erkannt – *Recognized*

Ich habe dich mit dieser neuen Haarfarbe nicht **erkannt**!
I haven't **recognized** you with this new hair color!

1605- Das Labor – *The laboratory*

Im **Labor** werden wichtige Experiemente durchgeführt.
Important experiments are being carried out in the **laboratory**.

1606- Das Jahrhundert – *The century*

Dieses **Jahrhundert** hat sich sehr viel geändert.
This **century** a lot has changed.

1607- Die Jungen – *The boys*

Die **Jungen** sind im Garten und spielen Fußball.
The **boys** are in the garden playing football.

1608- Streiten – *To argue*

Es gefällt mir nicht, wenn wir uns **streiten**.
I don't like it when we **argue**.

1609- Lebendig – *Alive*

Nach dieser Wanderung fühle ich mich so richtig **lebendig**.
After this hike I feel really **alive**.

1610- Trennen – *To separate*

Vielleicht ist es das Beste, wenn wir uns **trennen**.
Maybe it's best if we **separate**.

1611- Prima – *Great*

Das sieht wirklich **prima** aus!
That looks really **great**!

1612- Die Pflicht – *The duty*

Es ist meine **Pflicht**, die Türen jeden Abend abzuschließen.
It is my **duty** to lock the doors every evening.

1613- Vielen Jahren – **Many years**

Er hat Chris schon seit **vielen Jahren** nicht mehr gesehen.
He hasn't seen Chris in **many years.**

1614- Behandelt – *Treated*

Ich werde hier wie ein kleines Kind **behandelt**!
I'm being **treated** like a little child here!

1615- Der Sieg – *The victory*

Nach diesem Kampf wird der **Sieg** unser sein!
After this battle **victory** will be ours!

1616- Der Einsatz – *The use*

Der **Einsatz** von Chemikalien ist nicht gestattet.
The **use** of chemicals is not permitted.

1617- Gelaufen – *Run*

Wir sind heute Morgen schon 10 km **gelaufen**.
We have already **run** 10 km this morning.

1618- Der Fan – *The fan*

Sie ist ein großer **Fan** von französischen Filmen.
She is a big **fan** of French films.

1619- Welches – *Which*

Ich bin mir nicht sicher, **welches** Gericht ich nehmen soll.
I am not sure **which** dish I should choose.

1620- Die Erklärung – *The explanation*

Er ist ohne eine **Erklärung** aus dem Büro gegangen.
He left the office without an **explanation**.

1621- Der Wille – *The will*

Wo ein **Wille** ist, ist auch ein Weg.
Where there is a **will**, there is a way.

1622- Weich – *Soft*

Dieser Stoff ist unglaublich **weich**!
This fabric is incredibly **soft**!

1623- Klopfen – *To knock*

Kannst du bitte **klopfen**, bevor du hereinkommst?
Can you please **knock** before coming in?

1624- Die Fahrt – *The ride*

Die **Fahrt** führt uns durch eine schöne Landschaft.
The **ride** takes us through a nice landscape.

1625- Der Schüler – *The student*

Der **Schüler** hat die Prüfung nicht bestanden.
The **student** did not pass the exam.

1626- Die Absicht – *The intention*

Es war nicht meine **Absicht**, dir weh zu tun.
It was not my **intention** to hurt you.

1627- Der Kuchen – *The cake*

Diesen **Kuchen** hat meine Großmutter gebacken!
My grandmother baked this **cake**!

1628- Eingeladen – *Invited*

Du bist herzlich zu meiner Feier am Sonntag **eingeladen**.
You are cordially **invited** to my party on Sunday.

1629- Das Wesen – *The nature*

Es ist das **Wesen** des Wolfes, jagen zu gehen.
It is the **nature** of a wolf to go hunting.

1630- Einigen – *Some*

Dieser Lärm ist **einigen** Leuten zu viel und deshalb wollen sie gehen.
The noise is too much for **some** people and that is why they want to leave.

1631- Das Feld – *The field*

Auf dem **Feld** stehen zahlreiche Kühe.
There are numerous cows in the **field**.

1632- Irgendjemand – *Anyone*

Hat **irgendjemand** meine neue Jacke gesehen?
Has **anyone** seen my new jacket?

1633- Der Roboter – *The robot*

Es gibt einen **Roboter**, der Hausarbeiten erledigen kann.
There is a **robot** that can do chores.

1634- Wahnsinnig – *Insane*

Diese Idee ist doch komplett **wahnsinnig**!
This idea is completely **insane**!

1635- Die Idioten – *The idiots*

Ich kann nicht glauben, dass diese **Idioten** einfach gegangen sind.
I cannot believe that these **idiots** just left.

1636- Der Krebs – *The cancer*

Krebs ist eine schreckliche Krankheit.
Cancer is a terrible illness.

1637- Mindestens – *At least*

Wir müssen **mindestens** noch 100 Euro sparen.
We have to save up **at least** another 100 Euros.

1638- Verfolgt – *Followed*

Dieser Typ hat mich schon vor ein paar Wochen **verfolgt**!
This guy already **followed** me a few weeks ago!

1639- Der Ton – *The sound*

Dieser **Ton** passt super zum Film.
This **sound** goes very well with the film.

1640- Die Truppen – *The troops*

Bald werden die **Truppen** die Station verlassen.
The **troops** will soon be leaving the station.

1641- Die Million – *The million*

Sie hat bei einem Quiz eine **Million** gewonnen!
She won a **million** at a quiz!

1642- Der Streit – *The dispute*

Der **Streit** wird auch in Zukunft anhalten.
The **dispute** will continue in the future.

1643- Schlechter – *Worse*

Heute ist das Wetter **schlechter** als gestern.
Today the weather is **worse** than yesterday.

1644- Freundlich – *Friendly*

Meine Schwester ist wirklich **freundlich**.
My sister is really **friendly**.

1645- Wechseln – *To change*

Ich möchte mir gerne die Schuhe **wechseln**, bevor wir spazieren gehen.
I would like to **change** my shoes before we go for a walk.

1646- Dringend – *Urgently*

Ich muss **dringend** mit Dr. Schmidt sprechen!
I **urgently** have to speak with Dr. Schmidt!

1647- Vielleicht – *Maybe*

Vielleicht gehen wir dieses Wochenende ins Schwimmbad.
Maybe we are going to the swimming pool this weekend.

1648- Das Grab – *The grave*

Auf dem **Grab** sind immer frische Blumen.
There are always fresh flowers on the **grave**.

1649- Die Ratte – *The rat*

Dort drüben ist eine **Ratte**!
There is a **rat** over there!

1650- Verhaften – *To arrest*

Sie werden den Dieb in wenigen Minute **verhaften**.
They will **arrest** the thief in a few minutes.

1651- Schlau – *Smart*

Er ist für sein Alter wirklich schon sehr **schlau**!
He really is very **smart** for his age!

1652- Untersuchen – *To investigate*

Die Polizei wird den Fall weiter **untersuchen**.
The police will **investigate** the case further.

1653- Nirgendwo – *Nowhere*

Wir sind hier mitten im **Nirgendwo**!
We are in the middle of **nowehere** here!

1654- Träumen – *To dream*

Heute Nacht werde ich von meiner Arbeit **träumen**.
Tonight, I will **dream** about my work.

1655- Vorhin – *Earlier*

Ich habe ihn **vorhin** im Laden gesehen.
I saw him in the shop **earlier**.

1656- Der Offizier – *The officer*

Der **Offizier** hat gute Arbeit geleistet.
The **officer** did a good job.

1657- Die Untersuchung – *The check-up*

Die **Untersuchung** hat gezeigt, dass ich gesund bin.
The **check-up** has shown that I am healthy.

1658- Umsonst – *For nothing*

Wir haben die ganze Arbeit **umsonst** gemacht!
We did all this work **for nothing**!

1659- Überweisen – *To transfer*

Sie wird dir das Geld heute Nachmittag **überweisen**.
She will **transfer** the money to you this afternoon.

1660- Gelogen – *Lied*

Ich kann nicht glauben, dass du **gelogen** hast.
I can't believe you **lied**.

1661- Die Mitte – *The center*

Wir sollten die Pflanze in die **Mitte** des Raumes stellen.
We should put the plant in the **center** of the room.

1662- Gebrauchen – *To use*

Ihr könntet etwas Hilfe im Büro **gebrauchen**.
You could **use** some help in the office.

1663- Dadurch – *Thereby*

Es hat geregnet. **Dadurch** wurden alle Pflanzen mit Wasser versorgt.
It rained. **Thereby** all plants were provided with water.

1664- Zweimal – *Twice*

Wir haben diesen Film schon **zweimal** gesehen!
We have already seen this film **twice**!

1665- Verfluchen – *To curse*

Ich könnte dieses Geschäft **verfluchen**!
I could **curse** this company!

1666- Entlassen – *To lay off*

Sie werden ihn am Ende des Monats **entlassen**.
They will **lay** him **off** at the end of the month.

1667- Anhalten – *To stop*

Können wir an der nächsten Tankstelle **anhalten**?
Can we **stop** at the next petrol station?

1668- Überlassen – *To leave*

Ich werde dir diese Entscheidung **überlassen**.
I will **leave** this decision to you.

1669- Anziehen – *To attract*

Die Flammen werden viele Mücken **anziehen**.
The flames will **attract** many mosquitos.

1670- Seitdem – *Since then*

Sie war gestern im Büro. Ich habe sie **seitdem** nicht mehr gesehen.
She was in the office yesterday. I haven't seen her **since then**.

1671- Die Größe – *The size*

Die **Größe** des Gebäudes ist wirklich beeindruckend.
The **size** of this building is really impressive.

1672- Bestätigen – *To confirm*

Ich kann **bestätigen**, dass ich diesen Mann nicht kenne.
I can **confirm** that I do not know this man.

1673- Der Kollege – *The colleague*

Mein **Kollege** wird Ihnen das Hotelzimmer zeigen.
My **colleague** will show you your hotel room.

1674- Der Termin – *The appointment*

Leider muss ich den **Termin** morgen absagen.
Unfortunately, I have to cancel the **appointment** tomorrow.

1675- Die Form – *The form*

Diese **Form** habe ich noch nie gesehen.
I have never seen this **form**.

1676- Der Urlaub – *The holiday*

Der **Urlaub** hat uns allen wirklich sehr gefallen.
We all really liked the **holiday**.

1677- Die Luke – *The hatch*

Er macht die **Luke** auf dem Schiff auf.
He opens the **hatch** on the boat.

1678- Einzeln – *Individually*

Ich werde jetzt mit jedem von euch **einzeln** sprechen.
I will now speak to every one of you **individually**.

1679- Der Stopp – *The stop*

Wir müssen an diesem **Stopp**-Schild anhalten.
We have to come to a stand at the **stop** sign.

1680- Der Affe – *The monkey*

Der **Affe** ist auf dem Baum und schläft.
The **monkey** is on the tree and sleeps.

1681- Der Zweifel – *The doubt*

Du bist ohne **Zweifel** müde nach diesem Tag.
You are no **doubt** tired after this day.

1682- Viel – *A lot*

Als ich jünger war, habe ich **viel** gelesen.
When I was younger, I read **a lot**.

1683- Weshalb – *Why*

Weshalb fragst du mich, wie viel ich verdiene?
Why do you ask me how much I earn?

1684- Der Pilot – *The pilot*

Der **Pilot** heißt seine Gäste an Bord des Flugzeugs willkommen.
The **pilot** welcomes his guests on board of the airplane.

1685- Das Hemd – *The shirt*

Dieses **Hemd** steht dir wirklich sehr gut!
This **shirt** suits you really well!

1686- Begleiten – *To accompany*

Wir werden dich morgen zum Bahnhof **begleiten**.
We will **accompany** you to the train station tomorrow.

1687- Der Akt – *The act*

Wir werden diesen **Akt** nun gemeinsam lesen.
We will read this **act** together now.

1688- Selten – *Rarely*

Ich esse **selten** Fleisch.
I **rarely** eat meat.

1689- Voraus – *Ahead*

Es wäre besser, alles im **Voraus** zu planen.
It would be better to plan **ahead**.

1690- Der Trottel – *The moron*

Michael ist ein echter **Trottel**!
Michael is a real **moron**!

1691- Verhindern – *To prevent*

Wir können nicht **verhindern**, dass Unfälle passieren.
We cannot **prevent** accidents from happening.

1692- Offiziell – *Officially*

Sie sind jetzt **offiziell** ein Paar!
They are **officially** a couple now!

1693- Getrunken – *Drunk*

Sie hat heute zwei Liter Wasser **getrunken**.
She has **drunk** two litres of water today.

1694- Einladen - invite

Wir sollten Thomas zur Party **einladen**.
We should **invite** Thomas to the party.

1695- Hässlich – *Ugly*

Diese Schuhe gefallen mir nicht – sie sind wirklich **hässlich**.
I don't like these shoes – they are really **ugly**.

1696- Erlaubt – *Allowed*

Ich habe dir nicht **erlaubt**, zu sprechen!
I haven't **allowed** you to speak!

1697- Die Aufmerksamkeit – *The attention*

Er will mit seinem Verhalten **Aufmerksamkeit** erregen.
He wants to get **attention** through his behavior.

1698- Die Toilette – *The toilet*

Die **Toilette** ist im ersten Stockwerk.
The **toilet** is on the first floor.

1699- Der Fahrer – *The driver*

Der **Fahrer** hat das Auto schlecht geparkt.
The **driver** parked the car badly.

1700- Brav – *Good/Well-behaved*

Deine Kinder sind wirklich sehr **brav**!
Your children are really **well-behaved**!

1701- Such – *Search (Imperative)*

Wo hast du die Schlüssel hingelegt? **Such** sie!
Where did you put the keys? **Search** them!

1702- Waschen – *To wash*

Heute Nachmittag werden wir das Auto **waschen**.
This afternoon we will **wash** the car.

1703- Medizinischen – *Medical*

Sie muss morgen früh zu einer **medizinischen** Untersuchung gehen.
She has to go to a **medical** examination tomorrow morning.

1704- Das Negativ – *The negative*

Das **Negativ** dieses Bildes muss gut aufbewahrt werden.
The **negative** of this photo must be stored safely.

1705- Der Direktor – *The director*

Der **Direktor** hat gesagt, dass wir nach Hause gehen können.
The **director** said that we can go home.

1706- Die Braut – *The bride*

Die **Braut** trug ein wunderschönes weißes Kleid.
The **bride** wore a beautiful white dress.

1707- Selben – *Same*

Ich sehe jeden Tag den **selben** Mann im Buss.
I see the **same** man on the bus every day.

1708- Das Kino – *The cinema*

Wir würden heute gerne nach der Arbeit ins **Kino** gehen.
We would like to go to the **cinema** after work today.

1709- Planen – *To plan*

Sie wird heute ihre Reise nach Polen **planen**.
She will **plan** her trip to Poland today.

1710- Womit – *What with*

Womit soll ich diese Dose öffnen?
What shall I open this can **with**?

1711- Stammen – *To come from*

Meine Eltern **stammen** aus Australien.
My parents **come from** Australia.

1712- Vertraut – *Familiar*

Diese Gegend ist mir schon sehr **vertraut**.
This area is very **familiar** to me.

1713- Entdeckt – *Discovered*

Kolumbus hat angeblich Amerika **entdeckt**.
Apparently, Columbus **discovered** America.

1714- Das Theater – *The theater*

Das **Theater** ist zurzeit leider geschlossen.
Unfortunately, the **theater** is closed at the moment.

1715- Öffentlich – *Public*

Wir werden es heute **öffentlich** machen, dass wir zusammen sind.
We will make it **public** today that we are together.

1716- Beantworten – *To answer*

Er kann ihre vielen Fragen nicht **beantworten**.
He cannot **answer** her many questions.

1717- Der Keller – *The basement*

Im **Keller** haben wir viele Kisten gelagert.
We have stored many boxes in the **basement**.

1718- Probieren – *To try*

Er möchte **probieren**, einen Kuchen zu backen.
He would like to **try** to bake a cake.

1719- Der Nerv – *The nerve*

Mein Rücken tut weh, ich habe einen eingeklemmten **Nerv**!
My back hurts, I have a trapped **nerve**!

1720- Die Theorie – *The theory*

Ich finde Ihre **Theorie** wirklich faszinierend!
I find your **theory** really fascinating!

1721- Erwischen – *To catch*

Die Polizei wird den Mörder bestimmt **erwischen**.
The police will surely **catch** the murderer.

1722- Das Medikament – *The drug*

Du musst dein **Medikament** immer vor dem Essen nehmen.
You have to take your **drug** always before eating.

1723- Der Mond – *The moon*

Der **Mond** scheint heute hell vom Himmel.
Today the **moon** shines brightly in the sky.

1724- Der Terrorist – *The terrorist*

Ein **Terrorist** wurde vor wenigen Stunden festgenommen.
A few hours ago, a **terrorist** was arrested.

1725- Die Schlange – *The snake*

Ich würde mir niemals eine **Schlange** als Haustier halten.
I would never keep a **snake** as a pet.

1726- Reparieren– *To repair*

Am Wochenende müssen wir unser Auto **reparieren**.
On the weekend we have to **repair** our car.

1727- Die Leitung – *The line*

Die **Leitung** hier auf dem Dorf ist ziemlich schlecht.
The **line** here in the village is pretty bad.

1728- Die Abteilung – *The department*

Unsere **Abteilung** hat beschlossen, zu streiken.
Our **department** decided to strike.

1729- Der Knochen – *The bone*

Es wäre das Beste, wenn wir den **Knochen** röntgen.
It would be best to do an X-ray on the **bone**.

1730- Begraben – *To bury*

Heute Nachmittag wird er seinen Vater **begraben**.
This afternoon he will **bury** his father.

1731- Zusehen – *To watch*

Ich kann nicht **zusehen**, wie sie alles zerstören!
I cannot **watch** them destroy everything!

1732- Die Vorstellung – *The idea*

Mir gefällt die **Vorstellung**, einfach nichts zu tun!
I like the **idea** of simply doing nothing!

1733- Die Schande – *The shame*

Es ist eine **Schande**, dass du dich nicht benehmen kannst.
It is a **shame** that you cannot behave yourself.

1734- Mächtig – *Powerful*

Der Präsident dieses Landes ist sehr **mächtig**.
The president of this country is very **powerful**.

1735- Die Post – *The post office*

Sie muss nach der Arbeit noch einen Brief zur **Post** bringen.
She has to take a letter to the **post office** after work today.

1736- Überzeugen – *To convince*

Ich werde sie davon **überzeugen**, zu bleiben.
I will **convince** her to stay.

1737- Das Ergebnis – *The result*

Das **Ergebnis** des Spiels ist wirklich überraschend.
The **result** of the game is really surprising.

1738- Liefern – *To provide*

Er ist sich nicht sicher, ob sie die Ware **liefern** können.
He is not sure if they can **provide** the goods.

1739- Das Geräusch – *The noise*

Ich habe ein **Geräusch** im Keller gehört!
I heard a **noise** in the basement!

1740- Die Figur – *The figure*

Diese **Figur** auf dem Regal gefällt mir nicht.
I don't like the **figure** on the shelf.

1741- Der Westen – *The west*

Ich finde die Kultur im **Westen** sehr spannend.
I find the culture in the **west** very exciting.

1742- Die Großmutter – *The grandmother*

Meine **Großmutter** ist eine ausgezeichnete Köchin!
My **grandmother** is an excellent cook.

1743- Das Knie – *The knee*

Mein **Knie** tut weh, weil ich zu viel Sport gemacht habe.
My **knee** hurts because I exercised too much.

1744- Die USA – *The USA*

Er wollte schon immer einmal in die **USA** reisen.
He has always wanted to travel to the **USA**.

1745- Dreh – *Twist (Imperative)*

Dreh es!
Twist it!

1746- Befreien – *To free*

Wir werden diese Tiere aus ihren Käfigen **befreien**.
We will **free** these animals from their cages.

1747- Etwas - something

Alexander, kannst du mir bitte mit **etwas** helfen?
Alexander, can you please help me with **something**?

1748- Absehen – *To foresee*

Man konnte **absehen**, dass das passieren wird.
One could **forsee** that this would happen.

1749- Zulassen – *To permit*

Er wird nicht **zulassen**, dass du alleine reist.
He will not **permit** you to travel alone.

1750- Das Schild – *The sign*

Ich kann nicht lesen, was auf dem **Schild** steht.
I cannot read what it says on the **sign**.

1751- Peinlich – *Embarrassing*

Es ist mir wirklich **peinlich**, wie wenig ich über deine Kultur weiß.
It is really **embarrassing** how little I know about your culture.

1752- Woran – *By which*

Ich werde eine rote Jacke tragen, **woran** du mich erkennen wirst.
I will wear a red jacket, **by which** you will recognize me.

1753- Irgendeine – *Any*

Hast du **irgendeine** Ahnung, wie kompliziert das ist?
Do you have **any** idea how complicated this is?

1754- Erwähnen – *To mention*

Du solltest dieses Thema auf keinen Fall **erwähnen**.
Under no circumstances should you **mention** this topic.

1755- Abhauen – *To chop off*

Sei vorsichtig, oder du wirst dir noch einen Finger **abhauen**.
Be careful, or you will **chop off** a finger.

1756- Der Fick – *The fuck*

Er bedeutet mir nichts, es war nur ein **Fick**.
He doesn't mean anything to me, it was just a **fuck**.

1757- Betreffen – *To concern*

Zum Glück werden dich diese Probleme nicht **betreffen**.
Luckily these problems will not **concern** you.

1758- Aufmachen – *To open*

Wir sollten im Wohnzimmer ein Fenster **aufmachen**.
We should **open** a window in the living room.

1759- Die Runde – *The round*

Die nächste **Runde** geht auf mich!
The next **round** is on me!

1760- Erwähnt – *Mentioned*

Du hast schon **erwähnt**, dass du morgen keine Zeit hast.
You already **mentioned** that you don't have time tomorrow.

1761- Ertragen – *To bear*

Ich kann es nicht **ertragen**, dich so unglücklich zu sehen.
I cannot **bear** to see you this unhappy.

1762- Innerhalb – *Within*

Innerhalb weniger Minuten hatten sie alles aufgegessen.
Within a few minutes they had eaten everything.

1763- Geblieben – *Remained*

Sie ist während des ganzen Films ruhig **geblieben**.
She **remained** quiet for the entire film.

1764- Die Story – *The story*

Diese **Story** hat er uns schon zehnmal erzählt!
He told us this **story** ten times already!

1765- Der Alarm – *The alarm*

Wenn du den Code falsch eingibst, geht ein **Alarm** los.
If you enter the code incorrectly, an **alarm** will go off.

1766- Stinken – *To stink*

Meine Füße **stinken** in diesen Schuhen immer sehr!
My feet always really **stink** in these shoes!

1767- Der Garten – *The garden*

Im Sommer sitzen wir gerne im **Garten**.
We like to sit in the **garden** in summer.

1768- Durcheinander – *Confused*

Ich bin heute ganz **durcheinander**.
I am really **confused** today.

1769- Die Panik – *The panic*

Als das Feuer ausbrach, machte sich **Panik** breit.
When the fire started, **panic** spread.

1770- Soll – *Should*

Er **soll** heute Abend selber etwas kochen.
This evening he **should** cook something himself.

1771- Die Milch – *The milk*

Ich muss im Supermarkt noch eine Flasche **Milch** kaufen.
I have to buy a bottle of **milk** in the supermarket.

1772- Der Bürgermeister – *The mayor*

Morgen wird der **Bürgermeister** eine Rede halten.
Tomorrow the **mayor** will give a speech.

1773- Wollen – *To want to*

Alle Kinder **wollen** im Park spielen.
All children **want to** play in the park.

1774- Der Fernseher – *The TV*

Der **Fernseher** steht im Wohnzimmer.
The **TV** is in the living room.

1775- Der Russe – *The Russian*

Der **Russe** hat lange Jahre in einem Orchester gespielt.
The **Russian** has played in an orchestra for many years.

1776- Kinder - Children

Meine Nachbarin Penny passt oft auf meine **Kinder** auf.
My neighbor Penny often looks after my **children.**

1777- Die Lüge – *The lie*

Was du da sagst ist eine **Lüge**!
What you say is a **lie**!

1778- Extra – *Especially*

Wir sind **extra** wegen dir hierhergekommen!
We came here **especially** for you!

1779- Der Schutz – *The protection*

Der **Schutz** der Umwelt ist etwas, das alle ernst nehmen sollten.
The **protection** of the environment is something everyone should take seriously.

1780- Die Kuh – *The cow*

Auf der Wiese steht eine braune **Kuh**.
There is a brown **cow** in the meadow.

1781- Verboten – *Forbidden*

Es ist **verboten**, hier zu rauchen.
It is **forbidden** to smoke here.

1782- Die Rache – *The revenge*

Rache ist etwas, von dem man absehen sollte.
Revenge is something one should not consider.

1783- Schälen – *To peel*

Du musst noch ein Kilo Kartoffeln **schälen**!
You still have to **peel** a kilo of potatoes.

1784- Das Drehbuch – *The screenplay*

Er arbeitet seit ein paar Monaten an einem neuen **Drehbuch**.
He has been working on a new **screenplay** for a few months.

1785- Bewusst – *Aware*

Es war mir nicht **bewusst**, dass du so über mich denkst.
I wasn't **aware** that you think of me like that.

1786- Die Oma – *The grandmother*

Am Wochenende werde ich meine **Oma** besuchen gehen.
On the weekened I will go and visit my **grandmother**.

1787- Der Freitag – *The Friday*

Am **Freitag** wollen wir alle an den See fahren.
On **Friday** we all want to drive to the lake.

1788- Schmutzig – *Dirty*

Was hast du gemacht? Deine Hände sind ganz **schmutzig**!
What did you do? Your hands are all **dirty**!

1789- Verteidigen – *To defend*

Ich werde dich nicht länger **verteidigen**.
I will no longer **defend** you.

1790- Längst – *A long time ago*

Sie hat die Hoffnung auf ein besseres Leben **längst** aufgegeben.
She gave up hope for a better life **a long time ago**.

1791- Verlangt – *Required*

Von den neuen Mitarbeitern wird viel Arbeit **verlangt**.
A lot of work is **required** from the new employees.

1792- Das Leck – *The leak*

Wir müssen das **Leck** so schnell wie möglich reparieren!
We have to fix the **leak** as soon as possible!

1793- Die Kunst – *The art*

Er hat sich schon immer für moderne **Kunst** interessiert.
He has always been interested in modern **art**.

1794- Die Explosion – *The explosion*

Nach der **Explosion** waren die Gebäude komplett zerstört.
After the **explosion** the buildings had been destroyed completely.

1795- Vorbereitet – *Prepared*

Wir haben uns sehr gut auf die Prüfung **vorbereitet**.
We have **prepared** very well for the exam.

1796- Der Priester – *The priest*

Der **Priester** wird in wenigen Minuten ankommen.
The **priest** will arrive in a few minutes.

1797- Das Detail – *The detail*

Der Teufel steckt im **Detail**!
The devil lies in the **detail**!

1798- Die Aussage – *The statement*

Deine **Aussage** stimmt nicht mit der von gestern überein.
Your **statement** does not correspond to the one from yesterday.

1799- Gezogen – *Drawn*

Ich habe einen Schlussstrich **gezogen**.
I have **drawn** a line underneath it.

1800- Knapp – *Scarce*

Im Sommer wird das Wasser in dieser Region **knapp**.
In summer water is **scarce** in this region.

1801- Angegriffen – *Attacked*

Der Mann hat sie ohne Grund **angegriffen**!
The man **attacked** her without reason!

1802- Trink – *Drink (Imperative)*

Trink deinen Kaffee leer!
Drink up your coffee!

1803- Der Virus – *The virus*

Er hat sich mit einem gefährlichen **Virus** infiziert.
He got infected with a dangerous **virus**.

1804- Golden – *Golden*

Deine Haare glänzen im Sonnenlicht **golden**.
Your hair shimmers **golden** in the sunlight.

1805- Einfacher – *Easier*

Es ist **einfacher**, nichts zu sagen.
It is **easier** to say nothing.

1806- Besprechen – *To discuss*

Wir haben heute Nachmittag viele Dinge zu **besprechen**.
We have to **discuss** many things this afternoon.

1807- Eng – *Narrow*

Dieser Gang ist ziemlich **eng**.
This corridor is pretty **narrow**.

1808- Die Anweisung – *The instruction*

Ich habe die **Anweisung** erhalten, nichts zu sagen.
I have received the **instruction** to say nothing.

1809- Der Sklave – *The slave*

Der **Sklave** musste viele Jahre lang hart arbeiten.
The **slave** had to work hard for many years.

1810- Berühren – *To touch*

Ich mag es nicht, wenn mich fremde Leute **berühren**.
I don't like it when strangers **touch** me.

1811- Wenden – *To turn around*

Wir sollten so schnell wie möglich **wenden**.
We should **turn around** as soon as possible.

1812- Getrennt – *Separated*

Michael und Anna haben sich letzen Monat **getrennt**.
Michael and Anna **separated** last month.

1813- Die Bahn – *The train*

Ich fahre gerne mit der **Bahn**, da es umweltfreundlich ist.
I like traveling by **train**, as it is environmentally friendly.

1814- Das Talent – *The talent*

Du hast ein echtes **Talent** zum Tanzen!
You have a real **talent** for dancing!

1815- Satt – *Fed up*

Ich habe es **satt**, mich immer mit dir zu streiten!
I am **fed up** always arguing with you!

1816- Die Sünde – *The sin*

Es ist eine **Sünde**, auf andere eifersüchtig zu sein.
It is a **sin** to be jealous of others.

1817- Die Angelegenheit – *The matter*

Du wirst diese **Angelegenheit** so schnell wie möglich regeln.
You will deal with this **matter** as soon as possible.

1818- Tausende – *Thousands*

Jedes Jahr produzieren wir **tausende** Tonnen Müll.
Every year we produce **thousands** of tons of rubbish.

1819- Leiten – *To conduct*

Dr. Schmidt wird das Experiment **leiten**.
Dr. Schmidt will **conduct** the experiment.

1820- Der Bereich – *The area*

Dieser **Bereich** ist für Besucher geschlossen.
This **area** is closed for visitors.

1821- Bestes – *Best*

Sie trägt heute ihr **bestes** Kleid.
She is wearing her **best** dress today.

1822- Weiterhin – *Furthermore*

Wir wünschen dir **weiterhin** alles Gute!
Furthermore, we wish you all the best!

1823- Die Heilige – *The saint (Female)*

Die **Heilige** wird von vielen Leuten verehrt.
The **saint** is worshipped by many people.

1824- Beinahe – *Almost*

Ich hätte **beinahe** die Tasse fallen lassen!
I **almost** dropped the cup!

1825- Der Norden – *The north*

Im **Norden** ist es momentan extrem kalt.
It is extremely cold in the **north** at the moment.

1826- Zählt – *Counts*

Was **zählt** ist, dass alle gesund sind.
What **counts** is that everyone is healthy.

1827- Verbinden – *To connect*

Die Busse **verbinden** die Dörfer mit der Stadt.
The busses **connect** the villages to the city.

1828- Morgens – *In the morning*

Morgens trinke ich immer eine Tassee Kaffee.
In the morning I always drink a cup of coffee.

1829- Ebenso – *As well*

Ich möchte mich **ebenso** bei dir bedanken.
I would like to thak you **as well**.

1830- Woanders – *Elsewhere*

Woanders müssten wir für eine Wohnung viel mehr bezahlen.
Elsewhere we would have to pay a lot more for a flat.

1831- Verursacht – *Caused*

Wir wissen nicht, was den Unfall **verursacht** hat.
We don't know what **caused** the accident.

1832- Frankreich – *France*

Paris ist die Hauptstadt von **Frankreich**.
Paris is the capital of **France**.

1833- Bruder - brother

Mein **Bruder** Jonathan wird mich morgen besuchen kommen.
My **brother** Jonathan will come and visit me tomorrow.

1834- Die Deckung – *The cover*

Wir müssen uns sofort **Deckung** suchen.
We have to look for **cover** immediately.

1835- Raten – *To advise*

Wir **raten** dir, dich von ihm fernzuhalten.
We **advise** you to stay away from him.

1836- Das Unrecht – *The wrong*

Du liegst mit deiner Annahme im **Unrecht**.
You are in the **wrong** with your assumption.

1837- Erschaffen – *To create*

Du wirst ein echtes Meisterwerk **erschaffen**!
You will **create** a real masterwork!

1838- Verarschen – *To mock*

Es ist nicht nett, andere Leute zu **verarschen**.
It is not nice to **mock** other people.

1839- Die Linie – *The line*

Diese **Linie** fährt ans andere Ende der Stadt.
This **line** goes to the other end of the city.

1840- Das Kommando – *The command*

Wir haben das **Kommando** erhalten, zu schießen.
We have received the **command** to shoot.

1841- Verschieden – *Different*

Obwohl sie Geschwister sind, sind sie sehr **verschieden**.
Although they are siblings, they are very **different**.

1842- Empfangen – *To receive*

Wir werden dich am Flughafen **empfangen**.
We will **receive** you at the airport.

1843- Der Zugang – *The access*

Der **Zugang** wurde Ihnen nicht gestattet.
You have not been granted **access**.

1844- Die Medizin – *The medicine*

Dank der **Medizin** sterben heute weniger Menschen.
Thanks to **medicine**, fewer people are dying today.

1845- Der Graben – *The ditch*

Der **Graben** ist einige Meter tief.
The **ditch** is a few meters deep.

1846- Der Sonntag – *The Sunday*

Diesen **Sonntag** werde ich absolut nichts tun.
This **Sunday** I will do absolutely nothing.

1847- Das Gerät – *The device*

Sie weiß nicht, wie das **Gerät** funktioniert.
She does not know how the **device** works.

1848- Die Maus – *The mouse*

Die **Maus** versteckt sich vor der Katze.
The **mouse** hides from the cat.

1849- Kapieren – *To understand*

Ich kann nicht **kapieren**, wie man so blöd sein kann.
I don't **understand** how one can be so stupid.

1850- Der Hinweis – *The reference*

Das ist ein **Hinweis** auf dein schlechtes Benehmen.
This is a **reference** to your bad behavior.

1851- Verbrennen – *To burn*

Er wird alle Beweise **verbrennen**, bevor die Polizei kommt.
He will **burn** all evidence before the police arrives.

1852- Geglaubt – *Believed*

Ich habe ihm jedes Wort **geglaubt**.
I **believed** him every word.

1853- Einander – *Each other*

Sie haben **einander** schon einmal getroffen.
They have met **each other** once before.

1854- Geheiratet – *Married*

Mein Bruder hat letzte Woche **geheiratet**.
My brother got **married** last week.

1855- Der Alkohol – *The alcohol*

Wir trinken schon seit ein paar Monaten keinen **Alkohol** mehr.
We haven't had **alcohol** in a few months now.

1856- Die Kerle – *The guys*

Diese **Kerle** kommen mir irgendwie bekannt vor.
Somehow, these **guys** look familiar to me.

1857- Der Vorschlag – *The proposal*

Ich denke nicht, dass wir ihren **Vorschlag** annehmen werden.
I don't think we will accept her **proposal**.

1858- Die Schulter – *The shoulder*

Ein Papagei sitzt auf seiner rechten **Schulter**.
A parrot sits on his right **shoulder**.

1859- Die Hure – *The whore*

Sie schläft mit jedem – sie ist eine echte **Hure**.
She sleeps with everyone – she is a real **whore**.

1860- Verschwenden – *To waste*

Jeden Tag **verschwenden** wir sehr viel Essen.
Every day we **waste** a lot of food.

1861- Der Selbstmord – *The suicide*

Für viele Menschen ist **Selbstmord** die einzige Lösung.
For many people **suicide** is the only solution.

1862- Das Drama – *The drama*

Dieses **Drama** würde ich gerne im Theater sehen.
I would like to see this **drama** at the theater.

1863- Der Narr – *The fool*

Er benimmt sich wie ein kompletter **Narr**, wenn er Anna sieht.
He behaves like a complete **fool** when he sees Anna.

1864- Gebraucht – *Second-hand*

Sie kauft sich oft etwas, das schon **gebraucht** ist.
She often buys **second-hand** goods.

1865- Das Genie – *The genius*

Er ist ein echtes **Genie**, wenn es um Mathematik geht.
He is a real **genius** when it comes to mathematics.

1866- Gemein – *Common*

Alle Vögel haben diese Eigenschaften **gemein**.
All birds have these traits in **common**.

1867- Der Blödsinn – *The nonsense*

Was er da erzählt ist kompletter **Blödsinn**.
It is complete **nonsense** what he says there.

1868- Das Gerücht – *The rumor*

Es ist nur ein **Gerücht**, dass er eine Affäre hat.
It is just a **rumor** that he has an affair.

1869- Dennoch – *Nevertheless*

Er ist sehr müde, aber **dennoch** kümmert er sich um seine kranke Tochter.
He is very tired, but he is looking after his sick daughter **nevertheless**.

1870- Entspannen – *To relax*

Hier kann man sich wirklich herrlich **entspannen**!
One can really **relax** beautifully here!

1871- Besonderes – *Special*

Ich habe dir ein **besonderes** Geschenk gekauft.
I bought you a **special** present.

1872- Vernichten – *To destroy*

Unsere Aufgabe ist es, diese Dokumente zu **vernichten**.
Our job is to **destroy** these documents.

1873- Der Trick – *The trick*

Ein guter Zauberer verrät seinen besten **Trick** nie.
A good magician never reveals his best **trick**.

1874- Wenn ich könnte – *If I could*

Wenn ich könnte, würde ich nach Miami ziehen.
If I could, I would move to Miami.

1875- Schämen – *To be ashamed*

Wir **schämen** uns alle, dass wir uns nicht mehr angestrengt haben.
We are all **ashamed** that we didn't put more effort in.

1876- Kenne – *Know*

Ich **kenne** jemanden, der dir helfen kann.
I **know** someone that can help you.

1877- Die Erlaubnis – *The permission*

Er braucht die **Erlaubnis** seines Vaters, wenn er das Auto haben möchte.
He needs the **permission** of his father if he wants to have the car.

1878- Beendet – *Completed*

Endlich haben wir dieses Projekt **beendet**!
We have finally **completed** this project!

1879- Gegenseitig – *Mutually*

Sie respektieren sich **gegenseitig**.
They **mutually** respect each other.

1880- Ausmachen – *To switch off*

Kannst du bitte das Licht **ausmachen**, wenn du ins Bett gehst?
Can you please **switch off** the lights when you go to bed?

1881- Die Zunge – *The tongue*

Seine **Zunge** ist rosa und sieht gesund aus.
His **tongue** is pink and looks healthy.

1882- Wahren – *To preserve*

Es ist wichtig, dass wir unser kulturelles Erbe **wahren**.
It is important that we **preserve** our cultural heritage.

1883- Irgendein – *Any*

Wir brauchen **irgendein** Buch, das wir auf Englisch lesen können.
We need **any** book that we can read in English.

241

1884- Vermuten – *To suspect*

Wir **vermuten**, dass sie ihren Mann betrügt.
We **suspect** that she is cheating on her husband.

1885- Die Nachbarn – *Neighbors*

Unsere **Nachbarn** haben einen kleinen Hund.
Our **neighbors** have a small dog.

1886- Weißen – *White*

Ich hätte gerne den **weißen** Hut.
I would like the **white** hat.

1887- Der Besitz – *The possession*

Besitz und Geld sind nicht sehr wichtig für mich.
Possession and money are not very important to me.

1888- Der Fernseher – *The TV*

Heute wird endlich der **Fernseher** geliefert!
Today they will deliver the **TV** at last!

1889- Festhalten – *To hold on*

Es ist ziemlich stürmisch heute, du solltest dich an etwas **festhalten**.
It is pretty windy today, you should **hold on** to something.

1890- Desto mehr – *More*

Je mehr ich diese Serie ansehe, **desto mehr** gefällt sie mir!
The more I watch this series, the **more** I like it!

1891- Überwachen – *To watch*

Sein Job ist es, das gesamte Gelände zu **überwachen**.
His job is to **watch** the entire area.

1892- Die Schönheit – *The beauty*

Schönheit liegt im Auge des Betrachters.
Beauty lies in the eye of the beholder.

1893- Der Motor – *The motor*

Ich glaube, dass der **Motor** des Autos beschädigt ist.
I think the **motor** of the car is damaged.

1894- Anfassen – *To touch*

Im Museum darf man nichts **anfassen**.
You are not allowed to **touch** anything at the museum.

1895- Die Bedeutung – *The importance*

Ich hoffe, dass dir die **Bedeutung** dieser Entdeckung klar ist.
I hope you realize the **importance** of this discovery.

1896- Möglicherweise – *Possibly*

Morgen wird es **möglicherweise** schneien!
It will **possibly** snow tomorrow!

1897- Ruhen – *To rest*

Da du krank bist, solltest du im Bett bleiben und **ruhen**.
As you are ill you should stay in bed and **rest**.

1898- Erleben – *To experience*

Ich möchte viele schöne Abenteuer mit dir **erleben**.
I want to **experience** many nice adventures with you.

1899- Beleidigen – *To offend*

Bitte versuch nicht, ständig irgendwelche Leute zu **beleidigen**!
Please try not to **offend** people on a constant basis!

1900- Die Kleider – *Clothes*

Wir werden heute neue **Kleider** kaufen gehen.

We will go and buy new **clothes** today.

1901- Trotz – *In spite of*

Sie gehen **trotz** des schlechten Wetters an den Strand.

They are going to the beach **in spite of** the bad weather.

1902- Verwirrt – *Confused*

All diese Informationen haben mich sehr **verwirrt**.

All this information has made me very **confused**.

1903- Ungewöhnlich – *Unusual*

Es ist **ungewöhnlich**, dass es zu dieser Jahreszeit so heiß ist.

It is **unusual**, that it is so hot at this time of year.

1904- Der Verkauf – *The sale*

Bei dem **Verkauf** haben wir viel Geld eingenommen.

We made a lot of money at the **sale**.

1905- Hört - Heard

Ich habe **gehört**, dass **Chicago** eine sehr schöne Stadt ist.

I **heard** that Chicago is a very nice city.

1906- Seit - Since

Ich kenne Rachel schon, **seit** wir Kinder sind.

I have known Rachel **since** we have been children.

1907- Der Strom – *The current*

Der **Strom** fließt durch diese beiden Kabel.

The **current** goes through these two cables.

1908- Verbunden – *Connected*

Er ist immer noch nicht mit dem Internet **verbunden**.
He still isn't **connected** to the internet.

1909- Die Treppe – *The stairs*

Sollen wir die **Treppe** nehmen oder mit dem Aufzug fahren?
Shall we take the **stairs** or get the lift?

1910- Die Null – *The zero*

Auf meinem Bildschirm steht eine große **Null**.
On my screen is a big **zero**.

1911- Der Bauch – *The stomach*

Ihr **Bauch** tut weh, weil sie zu schnell gegessen hat.
Her **stomach** hurts because she has eaten too quickly.

1912- Der Gewinn – *The profit*

Wir werden den **Gewinn** an eine wohltätige Organisation spenden.
We will donate the **profit** to a charity.

1913- Jedoch – *However*

Ich mag ihn wirklich, **jedoch** wohnt er sehr weit weg.
I really like hime, **however**, he lives very far away.

1914- Überlebt – *Survived*

Er hat mehrere Unfälle **überlebt**.
He **survived** several accidents.

1915- Der Sturm – *The storm*

Wenn der **Sturm** kommt, sollten wir im Haus sein.
We should be inside the house when the **storm** arrives.

1916- Vernünftig – *Reasonable*

Es fällt ihm schwer, **vernünftig** zu sein.
It is hard for him to be **reasonable**.

1917- Hungrig – *Hungry*

Nach dem Schwimmen ist sie immer sehr **hungrig**.
After swimming she is always very **hungry**.

1918- Erfolgreich – *Successfully*

Wir haben das Projekt **erfolgreich** beendet!
We have **successfully** completed the project!

1919- Weglaufen – *To run away*

Die Hunde müssen an der Leine bleiben, weil sie sonst **weglaufen**.
The dogs have to stay on a leash, otherwise they will **run away**.

1920- Angenehm – *Pleasant*

Heute ist das Wetter wirklich **angenehm**.
Today the weather is really **pleasant**.

1921- Überzeugt – *Convinced*

Ich bin davon **überzeugt**, dass er die Prüfung bestehen wird.
I am **convinced** that he will pass the exam.

1922- Empfinden – *To feel*

Ich kann momentan nur Trauer und Schmerz **empfinden**.
At the moment I can only **feel** sadness and pain.

1923- Behaupten – *To assert*

Viele Leute **behaupten**, Experten auf einem Gebiet zu sein.
Many people **assert** being an expert in a field.

1924- Erstaunlich – *Amazing*

Es ist **erstaunlich**, wie viele Leute zwei Sprachen sprechen können.
It is **amazing** how many people can speak two languages.

1925- Die Botschaft – *The message*

Die **Botschaft** war, dass wir noch etwas warten sollen.
The **message** was that we should wait a little longer.

1926- Gewöhnlich – *Usually*

Sie kommt **gewöhnlich** jeden Sonntag in dieses Cafe.
She **usually** comes to this café every Sunday.

1927- Gesetzt – *Set*

Der Lehrer hat ihnen eine unmögliche Aufgabe **gesetzt**.
The teacher has **set** them an impossible task.

1928- Klauen – *To steal*

In diesem Laden **klauen** Kinder oft Süßigkeiten.
Children often **steal** sweets in this shop.

1929- Das Brot – *The bread*

Sie isst eine Scheibe **Brot** zu ihrer Suppe.
She eats a slice of **bread** with her soup.

1930- Europa – *Europe*

In **Europa** gibt es viele Kunstgallerien und Museen.
In **Europe** there are many art galleries and museums.

1931- Der Süden – *The south*

Im **Süden** ist es meistens sonniger als im Norden.
It is often sunnier in the **south** than in the north.

1932- Fordern – *To demand*

Er muss von seinen Arbeitern mehr Leistung **fordern**.
He has to **demand** more effort from his employees.

1933- Chinesisch – *Chinese*

Ich werde dieses Jahr **Chinesisch** lernen.
This year I will learn **Chinese**.

1934- Beweglich – *Moveable*

Der Tisch und die Stühle sind **beweglich**.
The table and chairs are **moveable**.

1935- Der Beruf – *The profession*

Sie hat sich definitiv den richtigen **Beruf** ausgewählt.
She definitively picked the right **profession**.

1936- Üblich – *Usual*

Es ist hier **üblich**, dass man erst sehr spät isst.
It is **usual** here to eat very late.

1937- Die Probe – *The sample*

Er würde gerne eine **Probe** des Materials im Labor testen.
He would like to test a **sample** of the material in the laboratory.

1938- Beobachtet – *Observed*

Der Täter hat sein Opfer mehrere Wochen lang **beobachtet**.
The perpetrator **observed** his victim for several weeks.

1939- Der Stich – *The stitch*

Die Wunde musste mit einem **Stich** genäht werden.
The wound had to be sewed with a **stitch**.

1940- Irren – *To be wrong*

Es ist ganz normal, sich manchmal zu **irren**.
It is completely normal to **be wrong** sometimes.

1941- Unterstützen – *To support*

Wir werden dich auch in Zukunft finanziell **unterstützen**.
We will also **support** you financially in future.

1942- Mitgenommen – *Taken*

Es scheint, als hätte ich das falsche Handy **mitgenommen**!
It seems like I have **taken** the wrong cell phone with me!

1943- Die Menschheit – *The humanity*

Manchmal glaube ich, dass die **Menschheit** immer dümmer wird.
Sometimes I think that **humanity** is getting more and more stupid.

1944- Achten – *To respect*

In unserem Büro **achten** wir alle die Regeln.
In our office we all **respect** the rules.

1945- Schieben – *To push*

Wir können die Kiste nicht anheben, wir müssen sie **schieben**.
We cannot pick up the box, we have to **push** it.

1946- Der Lügner – *The liar*

Ich kann nicht glauben, dass er ein solcher **Lügner** ist!
I cannot believe that he is such a **liar**!

1947- Das Gras – *The grass*

Sie liegt im **Gras** und liest ein interessantes Buch.
She is lying in the **grass**, reading an interesting book.

1948- Das Ereignis – *The event*

Die Oper wird das **Ereignis** des Jahres werden!
The opera will be the **event** of the year!

1949- Der Führer – *The leader*

Unser **Führer** wird uns nachher alles genau erklären.
Our **leader** will explain everything to us in detail later on.

1950- Spannend – *Exciting*

Er findet diesen Abenteuerroman wirklich **spannend**.
He finds this adventure novel really **exciting**.

1951- Deutlich – *Clearly*

Sie hat ihm **deutlich** gesagt, dass sie ihn nicht mehr sehen will.
She **clearly** told him that she does not want to see him again.

1952- Der Scheck – *The cheque*

Wir werden Ihnen einen **Scheck** schreiben.
We will write you a **cheque**.

1953- Der Mantel – *The coat*

Diesen **Mantel** wollte ich mir schon seit langer Zeit kaufen.
I have wanted to buy this **coat** for a long time.

1954- Angestellt – *Employed*

Er ist in dieser Firma **angestellt**.
He is **employed** by this company.

1955- Das Gas – *The gas*

Wir heizen zu Hause nur mit **Gas**.
We only heat with **gas** at home.

1956- Anschauen – *To look at*

Ich könnte mir diese Landschaft den ganzen Tag **anschauen**.
I could **look at** this landscape the entire day.

1957- Eifersüchtig – *Jealous*

Er ist **eifersüchtig**, wenn sie mit einem anderen Mann redet.
He is **jealous** when she talks to another man.

1958- Die Presse – *The press*

Die **Presse** ist nicht immer an der Wahrheit interessiert.
The **press** isn't always interested in the truth.

1959- Mexiko – *Mexico*

Er würde gerne ein paar Tage in **Mexiko** verbringen.
He would like to spend a few days in **Mexico**.

1960- Das Gen – *The gene*

Wir müssen das **Gen** finden, um es besser zu verstehen.
We have to find the **gene** in order to understand it better.

1961- Aufgehört – *Stopped*

Es hat endlich **aufgehört** zu regnen.
It finally **stopped** raining.

1962- Der Samstag – *The Saturday*

Am **Samstag** müssen wir in den Supermarkt gehen.
On **Saturday** we have to go to the supermarket.

1963- Geklaut – *Stolen*

Jemand hat mein Fahrrad **geklaut**!
Someone has **stolen** my bike!

1964- Definitiv – *Definitely*

Es macht **definitiv** keinen Sinn, darüber zu streiten.
There is **definitely** no point in arguing about it.

1965- Nachher – *Afterwards*

Nachher gehen wir in ein italienisches Restaurant.
Afterwards we are going to an Italian restaurant.

1966- Die Helden – *The heroes*

Vielen sind die **Helden** der griechischen Mythologie bekannt.
Many know the **heroes** from Greek mythology.

1967- Süßer – *Sweeter*

Dein Tee ist viel **süßer** als meiner.
Your tea is much **sweeter** than mine.

1968- Der Vampir – *The vampire*

Manche Menschen glauben, dass **Vampire** existieren.
Some people believe that **vampires** do exist.

1969- Auseinander – *Apart*

Sie haben sich **auseinander**gelebt.
They have drifted **apart**.

1970- Wichtiger – *Important*

Ein **wichtiger** Kunde ist soeben ins Büro gekommen.
An **important** client just came to the office.

1971- Taub – *Deaf*

Er kann nichts hören, da er **taub** ist.
He cannot hear anything, as he is **deaf**.

1972- Praktisch – *Practically*

Es its **praktisch** unmöglich, gegen ihn zu gewinnen.
It is **practically** impossible to win against him.

1973- Die Bühne – *The stage*

Gleich wird er auf die **Bühne** kommen!
Soon he will enter the **stage**!

1974- Herauszufinden – *To find out*

Wir werden alles tun, um **herauszufinden**, wer das getan hat.
We will do everything to **find out**, who did this.

1975- Das Publikum – *The audience*

Das **Publikum** klatschte laut und wollte mehr.
The **audience** applauded loudly and wanted more.

1976- Die Gnade – *The mercy*

Bitte haben Sie **Gnade** mit mir!
Please have **mercy** with me!

1977- Aufgenommen – *Recorded*

Die Polizei hat das Gespräch **aufgenommen**.
The police have **recorded** the conversation.

1978- Illegal – *Illegal*

Es ist **illegal**, hier zu rauchen.
It is **illegal** to smoke here.

1979- Die Freundschaft – *The friendship*

Unsere **Freundschaft** ist mir unglaublich wichtig.
Our **friendship** is incredibly important to me.

1980- Aufgeregt – *Excited*

Er ist **aufgeregt**, weil er heute nach Indien fliegt.
He is **excited** because he is flying to India today.

1981- Die Lippe – *The lip*

Seine **Lippe** ist nach dem Kampf geschwollen.
His **lip** is swollen after the fight.

1982- Zugeben – *To admit*

Ich muss **zugeben**, dass mir der Plan gefällt.
I have to **admit** that I like the plan.

1983- Die Unterstützung – *The support*

Ich brauche dringend etwas **Unterstützung**.
I urgently need some **support**.

1984- Schief – *Crooked*

Das Regal ist ganz **schief**!
The shelf is totally **crooked**!

1985- Verwenden – *To use*

Wir sollten versuchen, weniger Plastik zu **verwenden**.
We should try to **use** less plastic.

1986- Turteln – *To flirt*

Die beiden **turteln** miteinander.
These two **flirt** with each other.

1987- Die Flucht – *The escape*

Den Gefangenen ist die **Flucht** aus dem Gefängnis gelungen.
The prisoners were successful in their **escape** from prison.

1988- Der Winter – *The winter*

Im **Winter** fahren wir oft in die Berge.
In **winter** we often go to the mountains.

1989- Die Schnauze – *The snout*

Seine **Schnauze** ist vom Schnee ganz weiß.
His **snout** is all white from the snow.

1990- Der Notfall – *The emergency*

Ich muss mit ihr sprechen – es ist ein **Notfall**!
I have to talk to her – it is an **emergency**!

1991- Sparen – *To save up*

Sie möchte Geld **sparen**, um nach Bali gehen zu können.
She wants to **save up** money to be able to go to Bali.

1992- Bewahren – *To preserve*

Wir müssen diese Kunstwerke vor Schäden **bewahren**.
We have to **preserve** these paintings from damage.

1993- Existiert – *Exists*

Er ist sich sicher, dass Gott **existiert**.
He ist certain that god **exists**.

1994- Der Stoff – *The material*

Der **Stoff** dieser Jacke ist ganz weich.
The **material** of this jacket is really soft.

1995- Schade – *What a shame*

Es ist wirklich **schade**, dass du schon gehst.
What a shame that you are leaving already.

1996- Locker – *Loose*

Diese Hose sitzt etwas **locker**.
These trousers are a little **loose**.

1997- Der Prozess – *The process*

Der **Prozess** ist lange und kompliziert.
The **process** is long and complicated.

1998- Der Snack – *The snack*

Ich könnte jetzt wirklich einen kleinen **Snack** vertragen.
I could really do with a small **snack** right now.

1999- Der Spion – *The spy*

Der **Spion** schreibt sich wichtige Informationen auf.
The **spy** writes down important information.

2000- Der Krieger – *The warrior*

Eines Tages wirst du ein großartiger **Krieger** sein!
One day you will be a great **warrior**!

Free Book Reveals The 6 Step Blueprint That Took Students **From Language Learners To Fluent In 3 Months**

- **6 Unbelievable Hacks** that will accelerate your learning curve

- **Mind Training:** why memorizing vocabulary is easy

- **One Hack To Rule Them All:** This secret nugget will blow you away...

Head over to LingoMastery.com/hacks
and claim your free book now!

CONCLUSION

And thus, we've finally reached the very end of this wonderful list of the **2000 Most Common Words in German!** Be glad: your vocabulary has been greatly increased, and as we mentioned before, if you've properly studied these words then you will have developed your understanding of non-fiction to 84%, your fiction to 86.1%, and your oral speech to 92.7%. Those are incredible numbers, considering how important the understanding of vocabulary is when learning a new language and using that to communicate in new languages and with different cultures.

While you've read this great list, you may have noticed the similarities and differences between our beloved English and the German tongue — primarily among the differences is the strong use of genders for words. Make sure to practice this and ensure that you're using the correct term for what you're saying to avoid any misunderstandings!

I am happy to have helped you with your practice of German and hope to see you again soon; we'll surely meet again in future books and learning material.

So, take care and study hard, and don't forget the 4 tips we gave you at the beginning if you want to become a German pro!

1. Practice hard!
2. Don't limit yourself to these 2000 words!
3. Grab a study partner!
4. Write a story!

With that said, we've covered every single thing. Now go out and learn some more German — you're already more than halfway there!

PS: Keep an eye out for more books like this one; we're not done teaching you German! Head over to www.LingoMastery.com and read our free articles, sign up for our newsletter. We give away so much free stuff that will accelerate your German learning and you don't want to miss that!

If you liked the book, we would really appreciate a little review wherever you bought it.

THANKS FOR READING!

Made in the USA
Las Vegas, NV
24 March 2024